Oriol Tejada Pinyol

El pensamiento (in)dependiente

Veinticinco reflexiones sobre el proceso soberanista catalán

El pensamiento (in)dependiente
Veinticinco reflexiones sobre el proceso soberanista catalán

Índice

Nota sobre el autor

Oriol Tejada Pinyol (Barcelona, 1980) posee la doble licenciatura en Matemáticas e Ingeniería de Telecomunicaciones por la Universitat Politècnica de Catalunya y es Doctor en Economía por la Universitat de Barcelona. En la actualidad es investigador postdoctoral en el Center of Economic Research de la ETH Zürich, universidad en la que también imparte cursos de máster y doctorado. Su investigación se enmarca en el estudio de la Teoría de Juegos, así como en su aplicación a modelos de Economía Política y Teoría de la Elección Social. Entre otros, sus trabajos publicados en revistas internacionales se centran en el estudio axiomático de los índices de poder, en el análisis de los precios competitivos en mercados multilaterales o en el examen de las reformas políticas en democracia. Como investigador ha realizado estancias en universidades europeas y americanas e impartido una veintena de conferencias en congresos internacionales.

Per la Laia

Capítulo 1

El pensamiento independiente en democracia

> If everyone is thinking alike, then no one is thinking.
>
> _____
>
> Benjamin Franklin

¿Tienen razón los partidarios de la independencia de Cataluña o, por el contrario, la tienen aquellos que se oponen a ella? ¿Cómo debe escoger la ciudadanía en su conjunto entre una y otra opción? El presente ensayo es el resultado de un intento personal, el mío, por tratar de responder a estas dos preguntas. Sin embargo, debo advertir al lector de que este no es un libro sobre respuestas. Al menos, no fundamentalmente. Este ensayo es ante todo un elogio del ejercicio de la duda y de la reflexión como instrumento para afrontar las preguntas que se nos plantean en democracia. Y todo ello a partir de un ejemplo concreto, controvertido y muy actual: el proceso que se vive tanto en Cataluña como en el resto de

España en relación con la posibilidad de que aquélla se convierta en un país independiente.

Así, al contrario de aquellos que acostumbran a contraponer el pensamiento favorable a la independencia de Cataluña al pensamiento en contra de la misma, lo que pretendo en este libro es enfrentar el *pensamiento independiente* al *pensamiento dependiente* rehén de las opiniones ajenas. Por supuesto, en mi manera de pensar influyen muchos factores, como mi formación, las opiniones de mi familia y mis amigos o los libros y periódicos que leo. ¿A qué me refiero entonces? Para mí, pensar independientemente en democracia implica, sobre todo, basar en última instancia nuestro comportamiento político en la reflexión personal y hacernos responsables absolutos de nuestras decisiones como ciudadanos. De manera que el pensamiento independiente solamente es factible si va acompañado de la duda como método tanto para reconocer las imperfecciones de algunas de nuestras opiniones políticas como para ser más consciente de la robustez de otras.

No se trata, es cierto, de una tarea fácil. Creer acríticamente aquello que nos dicen otros tiene muchas ventajas, entre ellas poder disponer de tiempo para hacer algunas de las cosas que nos gustan en la vida. Por el contrario, dudar, aprender y pensar por uno mismo es arduo y lleva tiempo, sobre todo cuando se trata de opinar sobre cuestiones complejas, como sin duda es la posibilidad de que Cataluña se independice. Y aunque no es necesario conocer las leyes del electromagnetismo de Maxwell para usar un teléfono móvil, despreciar todo conocimiento relacionado con las decisiones colectivas que se toman en sociedad hace un flaco favor a la democracia, pues ésta se basa —o se debería basar— en una participación responsable y juiciosa de todos los ciudadanos. Generar las condiciones que permitan que todos los ciudadanos estemos informados y que podamos reflexionar sobre aquellos asuntos que nos afectan a nivel individual y colectivo debería ser un principio irrenunciable de toda sociedad libre.

Por todos es sabido que las decisiones en democracia generan con gran frecuencia insatisfacción entre muchos ciudadanos. Y el caso que nos ocupa en este libro, con opiniones tan polarizadas, no es ninguna excepción. Sin embargo, no se me ocurre una mejor manera de tratar de minimizar dicha insatisfacción que conseguir que, antes de tomar una decisión como sociedad, todos los ciudadanos tengamos la certeza de que cada uno de nosotros ha pensado independientemente.[1] La razón es que, desde mi punto de vista, solamente tras un proceso de reflexión personal por parte de los ciudadanos cuya existencia sea conocida por todos, podremos aceptar de más agrado que una decisión tan trascendental, sea finalmente la que sea, vaya en contra de nuestras preferencias políticas.

Por supuesto, soy plenamente consciente de que lo que propongo es un ideal inalcanzable. Inalcanzable pero al mismo tiempo muy atractivo. Así, el presente ensayo debe interpretarse simplemente como una mera invitación a una manera concreta de participar en política basada en el ejercicio de la reflexión y de la duda como método de deliberación individual. Una invitación que cada lector decidirá si acepta o no y que es perfectamente compatible con otras maneras de participación política colectivas como las manifestaciones o el asamblearismo. Una invitación, es necesario subrayar, cuya aceptación no conduce inexorablemente a las mismas conclusiones que las obtenidas por mí en este libro.

---

[1] Más exactamente, creo que debe ser "common knowledge" entre nosotros que cada uno de nosotros ha pensado independientemente. En Teoría de Juegos, algo es "common knowledge" cuando no solamente es sabido por cada uno de nosotros, sino que cada uno de nosotros sabe que el resto lo sabe, cada uno de nosotros sabe que cada uno de nosotros sabe que el resto lo sabe, etc. Para entenderlo mejor, imaginemos dos personas, una frente a otra, inmóviles y en silencio, ambas con un sombrero negro. Entonces, a pesar de que ambas saben que al menos una de ellas lleva un sombrero negro, el hecho de que exista al menos un sombrero negro no es "common knowledge".

Tomarnos en serio las decisiones colectivas –ya sea pensando independientemente o no– sabiendo que nuestros conciudadanos se ven afectados por ellas es una buena manera de demostrar que creemos en la democracia. Como también lo es intentar conocer y tratar de entender los argumentos de aquellos que opinan de manera distinta a nosotros, ya sea para aceptarlos o, por el contrario, para ser capaces de rebatirlos. Cerrar los ojos y creerse que tales argumentos no existen puede ser, al margen de un autoengaño, una mala estrategia para aquel que lo hace ya que puede llevarlo a minusvalorar al "otro" [1]. Un buen ejercicio en nuestro caso sería imaginar el siguiente escenario: en la Constitución de una Cataluña independiente [2], ¿querrían los independentistas recoger el derecho de autodeterminación de sus regiones, impondrían un límite a la redistribución entre ellas, crearían un Tribunal Constitucional formado por jueces elegidos por el Parlament de Catalunya, o darían al castellano, inicialmente la lengua de la mayoría, un estatus equivalente al catalán? Con respecto a los partidarios de la (re)unión con España, ¿serían leales a una Constitución catalana que posiblemente no habrían votado? ¿Decidirían organizarse en "sociedad civil" para reclamar, una y otra vez, volver a ser españoles?

Algunas de estas preguntas han sido respondidas recientemente mediante distintas propuestas de Constitución para una hipotética República Catalana [3]. Al margen de la súbita pasión por las constituciones en un momento en que la Constitución vigente en España está tan desprestigiada (en Cataluña, pero también en el resto de España), sorprende sobremanera que en estos borradores no se recoja el llamado "derecho a decidir" ("dret a decidir" en catalán) y que, en cambio, se requieran mayorías cualificadas para la reforma de la Constitución (catalana). De acuerdo con muchos activistas y políticos independentistas, el derecho a decidir es poco menos que natural e irrenunciable, mientras que las trabas para la reforma de la Constitución (española) son una rémora antidemocrática cuya única utilidad es ser un instrumento en manos del PP y del PSOE para impedir cualquier cambio del *status quo*. ¿Por qué esta aparente contradicción? La respuesta es sencilla. Seguramente, en realidad nunca se ha tratado para algunos de una discusión racional sobre principios generales sobre los que fundar las decisiones sociales, sino simplemente de la afirmación de unos principios *ad hoc* que sirven para Cataluña y no para España (o viceversa). De ahí, en gran medida, la práctica imposibilidad para muchos políticos y activistas (tanto favorables como contrarios a la independencia de Cataluña) de establecer un terreno de juego para el debate de ideas. Porque estos principios *ad hoc*, que en esencia se derivan tautológicamente de asumir que Cataluña (o España) es una nación en el sentido de Herder, cierran las puertas a cualquier debate ulterior.

Con el fin de convencer al lector del valor del pensamiento independiente en democracia, el presente libro persigue los siguientes dos objetivos. En primer lugar, poner de manifiesto la falta de reflexión e información que, a mi juicio, a menudo acompaña el debate que se vive actualmente, tanto en Cataluña como en el resto de España. De acuerdo con mi propia experiencia, muchos ciudadanos catalanes y españoles son perfectamente conscientes desde hace tiempo de que nos encontramos ante un problema complejo, pero ignoran exactamente por qué. Dos muestras de tal fenómeno son: por un lado, el desconocimiento sobre la complejidad asociada a cualquier procedimiento democrático que nos sirva para decidir sobre la independencia de Cataluña; por otro lado, la poca sofisticación de muchos de los argumentos a favor y en contra de la independencia de Cataluña empleados por algunos políticos y líderes de opinión, de nuevo tanto en Cataluña como en el resto de España. El segundo objetivo del presente ensayo es tratar de contribuir a la búsqueda de soluciones a ambos problemas. En mi opinión, esto último solamente es posible si antes hemos entendido las anteriores debilidades: una vez comprendidas, podremos dar –ya sea individual o colectivamente– con modos potencialmente efectivos de salir del aparente callejón sin salida en el que nos encontramos. El presente ensayo –que contiene las reflexiones resultado de mi manera de pensar independientemente– debe entenderse desde esta perspectiva.

Comprender todos los aspectos relacionados con la independencia de Cataluña es una tarea compleja. Pero, ¿qué es exactamente una cuestión compleja? En ciencia, se acostumbra a decir que un sistema es complejo cuando entre sus distintas partes existen fuertes interacciones y es muy difícil, a menudo incluso imposible, predecir correctamente su evolución. El clima, el cerebro, las sociedades humanas o las democracias liberales y sus mecanismos de decisión son ejemplos de sistemas complejos. En efecto, todos ellos están compuestos por varios elementos que interactúan fuertemente, a veces llevando al propio sistema a un estado caótico –frecuentemente dañino– que escapa por completo a nuestro control. Muchos esfuerzos de la humanidad se han dirigido y se dirigen a la comprensión de la complejidad en estos y otros sistemas con el fin de prevenir que el caos se apodere de ellos. O, por lo menos, con el objetivo de entender las condiciones que facilitarían un desarrollo tal de los acontecimientos.

En concreto, los procesos de decisión en una democracia liberal se pueden describir de manera muy simple, pues constan fundamentalmente de tres etapas: en primer lugar, la formación de las preferencias de todos los ciudadanos –incluidos los políticos– en relación con las distintas alternativas disponibles; en segundo lugar, la elección –generalmente por parte de los políticos– de un procedimiento para tratar de agregar mediante el voto de los ciudadanos las preferencias de todos ellos; y en tercer lugar, la participación de todos los ciudadanos en el mecanismo escogido. Sin embargo, como veremos en este ensayo, no existen en general mecanismos de decisión social libres de imperfecciones. De ahí la complejidad inherente a la toma de decisiones en democracia, en particular a la que atañe la posible independencia de Cataluña. Una complejidad a la luz de la cual languidece la pretensión reduccionista de algunos políticos y opinadores de "decidir democráticamente", como si la sola garantía (necesaria) del sufragio universal todo lo determinara en democracia.

El proceso soberanista catalán está en la agenda política española desde por lo menos el 2012. ¿Estamos observando desde entonces una evolución, ni que sea discreta, en el modo de argumentar que nos permita entender que tanto las consecuencias de una hipotética independencia de Cataluña como los detalles de un referéndum para decidirla, por un lado, o las consecuencias del inmovilismo, por el otro, no son cuestiones baladí? Tristemente, creo que no. A mi entender, la competición entre ideas por parte de la opinión pública, y con ella de la ciudadanía, está convergiendo en el suministro, una y otra vez, salvo algunas honrosas excepciones, de dos líneas argumentales muy poco sofisticadas: una en favor de la independencia de Cataluña y de la celebración de algún tipo de consulta (la Cataluña independiente será el cielo terrenal; no hay nada más democrático que votar, no importan las condiciones), otra en contra de ambas (Cataluña vagará en el espacio sideral por los siglos de los siglos; un referéndum de autodeterminación es ilegal, y punto).

¿Somos los ciudadanos estúpidos al aceptar una simplificación tan grande de un problema que debería ser entendido claramente como muy complejo? Por supuesto que no. Simplemente somos sentimentales. Y cuando los sentimientos se inflaman (y de inflamarlos viven muchos), el raciocinio se encoge. Y cuando el raciocinio se encoge, las decisiones que se toman pueden ser nefastas. Conviene recordar que no estamos ante unas simples elecciones –las equivocaciones pueden enmendarse y los aciertos premiarse al cabo de cuatro años– sino ante una disyuntiva única en mucho tiempo con tres (o más) caminos propuestos muy diferentes entre sí. Y, por tanto, las equivocaciones se pueden pagar muy caras.

No se trata de suprimir todo sentimentalismo de la esfera política: el papel que juegan las emociones en las movilizaciones políticas es –y a mi juicio debe seguir siendo– clave para el buen funcionamiento de la democracia. La razón es que muchos de los objetivos individuales y colectivos que perseguimos en democracia –y en la vida en general– no pueden entenderse únicamente desde la más pura razón. De manera que pretender erradicar el sentimentalismo de la esfera política no es sólo una quimera, sino que minusvalora la naturaleza humana y el papel de las emociones como motor de movilización política.

El ejercicio de la duda y del pensamiento independiente no es nuevo en la historia de la humanidad, aunque su alcance sí es limitado en el ámbito de cada ciudadano en relación con su papel como miembro de una democracia liberal. Los científicos, por ejemplo, son perfectamente conscientes de que solamente a través de un proceso dialéctico de argumentaciones y contraargumentaciones acompañado en todo momento por la duda y la reflexión personal podemos avanzar en nuestro conocimiento. Es indiscutible que se trata de una buena idea: el método científico ha garantizado que nuestro conocimiento sobre el mundo sea hoy en día incomparable al que tenía la humanidad hace solamente unos siglos. Parece razonable por tanto que los políticos, pero también los ciudadanos en general, intenten aprender y adoptar de la Ciencia aquellos métodos o conocimientos que puedan redundar en una sociedad mejor para todos. Incluso dentro de la propia Ciencia la utilidad de la interdisciplinariedad es formidable: grandes ideas en ciertos campos científicos se han originado gracias al conocimiento existente en otras disciplinas.

En relación con el caso que nos ocupa –el debate sobre la independencia de Cataluña–, un proceso puramente dialéctico de réplicas y contrarréplicas debería ayudar a hacer más robustos los argumentarios de todas las opciones. Un listado amplio de argumentos así obtenidos presentaría muchas ventajas. Por un lado, favorecería la comprensión de la complejidad del problema al que nos enfrentamos, así como las implicaciones de las alternativas que los distintos actores nos proponen. Por otro lado, permitiría desenmascarar los argumentos fraudulentos y, de esta manera, encontrar una solución consensuada por el mayor número posible de ciudadanos. Desafortunadamente, a pesar de que muchas son las opiniones que están surgiendo en Cataluña tanto sobre su posible independencia de España como sobre la necesidad de celebrar un referéndum de autodeterminación, éstas suelen etiquetarse con frecuencia únicamente en función de si dan más argumentos en favor de la independencia que en contra y de si defienden la celebración del referéndum o no. Raras veces se etiquetan en función del realismo, sofisticación o consistencia de sus argumentos. A mi juicio esta es la razón fundamental por la que, como ya he dicho, tanto en Cataluña como en el resto de España algunos argumentos, los débiles, incompletos o erróneos, no estén siendo sustituidos por otros razonamientos más sólidos, que a su vez más adelante podrán ser descartados y reemplazados de nuevo.

Ciertamente, poner a disposición de los ciudadanos una relación de argumentos suficientemente sólidos y meditados es en general una tarea complicada, pues la actividad política se diferencia de la actividad científica en varios aspectos. En primer lugar, a pesar de que en política existen argumentos que son indudablemente mejores que otros, no disponemos de un laboratorio al alcance de la mano en el que probar la veracidad de todas y cada una de las distintas teorías, como sí es el caso de la Física.[2]

---

[2] En ausencia de laboratorios, los científicos recurren a los "Gedankenexperimenten" que permiten realizar experimentos de manera mental.

En segundo lugar, la política trata generalmente problemas con mucha carga ideológica, de manera que a los ciudadanos nos es difícil muchas veces tomar una posición completamente neutra. Una neutralidad que, por otro lado, sí es posible en general en la Ciencia, incluso también en la mayoría de casos en las ciencias sociales. En tercer lugar, las condiciones en las que se desarrolla la política, particularmente la inmediatez en la toma de decisiones y la necesidad que tienen los políticos de convencer a los ciudadanos para obtener su voto, dificulta tanto la reflexión como la exposición sincera de los resultados de ésta alcanzados por los políticos.[3] La investigación científica, lo saben todos los que se dedican a ella, sea en el campo que sea, requiere reflexión y, por tanto, tiempo. En cuarto lugar, idealmente, la deliberación política debe estar en democracia al alcance de todos los ciudadanos, hecho que requiere encontrar un equilibrio entre dos principios contrapuestos: por un lado, que los argumentos usados sean completamente comprensibles por el mayor número posible de ciudadanos; por otro lado, que los argumentos o teorías sean cuanto más precisos mejor. Este último requerimiento obliga frecuentemente a usar un lenguaje no accesible –al menos, no sin el correspondiente estudio– por parte de muchos ciudadanos, entre ellos algunos políticos. Por el contrario, los científicos se guían mayoritariamente sólo por el segundo de estos principios, de ahí que las matemáticas –aunque también otros lenguajes formales– sean tan relevantes en la Ciencia.

A pesar de las anteriores diferencias, existen algunas características fundamentales del método científico que a mi entender pueden –y deben– aplicarse a la política: primero, se debe dudar de aquellas teorías (o argumentos) que son aceptadas como establecidas; segundo, si aquéllas están

---

[3] En ciencia, es cierto, los investigadores deben luchar muy frecuentemente para que sus trabajos sean aceptados por la comunidad científica. Sin embargo, el efecto de esta pugna sobre (el objeto y la calidad de) la investigación es seguramente menor que los efectos que los incentivos asociados a la posibilidad de reelección tienen en los gobernantes (y en las decisiones políticas que éstos toman).

equivocadas, se debe demostrar su falsedad y construir nuevas teorías (y argumentos) que sean compatibles con las evidencias empíricas, siempre que estas últimas existan; tercero, cuando no seamos capaces de probar que las teorías establecidas se equivocan, se debe intentar expandir en la medida de lo posible su poder explicativo, quizás aplicándolas a problemas distintos; cuarto, en cualquier circunstancia se debe ser riguroso en el proceder.

Al margen del presente capítulo, el libro se divide en dos partes independientes entre sí (Capítulos 2 y 3) y un addendum (Capítulo 4). En la primera parte, se muestran algunas limitaciones –prácticas, pero sobre todo teóricas– de la democracia liberal, limitaciones que adquieren una particular relevancia al observar el proceso que se vive actualmente en Cataluña. Desde Ramon Llull hasta Kenneth Arrow, pasando por Nicolas de Condorcet, muchos pensadores a lo largo de la historia han estudiado los procesos de decisión social, tanto desde un punto de vista positivo –¿qué observamos?– como normativo –¿qué querríamos observar?–. Actualmente, dos de los campos del conocimiento dedicados al estudio de este tipo de problemas son los siguientes: Teoría de la Elección Social (o *Social Choice Theory* en inglés) y Economía Política (o *Political Economy* en inglés). En los últimos cincuenta años, las contribuciones dignas de mención en ambos campos han sido múltiples, sobre todo gracias al desarrollo paralelo de la Teoría de Juegos (o *Game Theory* en inglés). Como veremos, algunos de estos hallazgos (fundamentalmente en *Social Choice Theory*) nos pueden ayudar a entender algunas de las razones por las que no existe en democracia un mecanismo de decisión social libre de inconvenientes. Estas razones son muy variadas: la imposibilidad de acomodar las preferencias de todos los ciudadanos cuando éstas son contradictorias entre sí; aquel que fija qué, cómo y cuándo se vota dispone en general de un gran poder de influencia en la decisión social; los ciudadanos pueden beneficiarse muchas veces de mentir con respecto a sus preferencias con el fin de que la decisión social sea mejor desde su punto de vista, siendo este un hecho poco deseable pues favorece la discriminación entre ciudadanos. En mi opinión, todos estos problemas son relevantes en relación con la decisión sobre la independencia de Cataluña.

En consecuencia, al margen de ser entendida como un curso introductorio de *Social Choice Theory*, esta primera parte tiene como objetivo fundamental ayudar al lector a poder argumentar razonablemente la siguiente intuición: decidir sobre la independencia de Cataluña es una tarea compleja. Para los partidarios del "derecho a decidir", el Capítulo 2 del presente ensayo puede entenderse por tanto como una respuesta a un complementario a la par que inexistente "derecho a saber decidir".

La segunda parte de este ensayo, la que corresponde al Capítulo 3, contiene veinticinco reflexiones sobre el proceso soberanista que se está dando en Cataluña. En ellas se examinan críticamente una serie de argumentos –a favor y en contra– tanto de la independencia de Cataluña como de la celebración de un referéndum de autodeterminación. A partir de la comparación con otros países, de la simple reflexión basada en la Lógica o de razonamientos basados en la Teoría de Juegos, veremos cuán robustas son muchas de las razones generalmente argüidas para defender o rechazar la posible independencia de Cataluña y su resolución en democracia. Razones a favor de la independencia de Cataluña como por ejemplo la recurrente "desafección" entre Cataluña y el resto de España; razones en contra de la independencia de Cataluña como por ejemplo la incertidumbre asociada a la creación de un nuevo Estado catalán, posiblemente al margen de la UE. Razones a favor de decidir sobre la independencia de Cataluña como por ejemplo la celebración de referéndums en Escocia o Québec; razones en contra de decidir la independencia de Cataluña como por ejemplo el respeto al Estado de Derecho y a la Constitución española.

A pesar de las apariencias, éste no es un libro puramente científico. Ciertamente, se plantean algunas hipótesis que, aunque no son examinadas en profundidad, sí pueden contribuir a clarificar la situación en la que nos hallamos ciudadanos y políticos en relación con la posibilidad de que Cataluña se convierta en un país independiente. Y también a ofrecer una perspectiva más amplia del problema (en el sentido de que hay que darle una salida) que tenemos ante nosotros. Sin embargo, también es verdad que se vierten ciertas opiniones personales, hecho que nada tiene que ver con una aproximación aséptica al problema examinado en el ensayo. En cualquier caso, por influencia de mi formación académica, el presente ensayo se sitúa deliberadamente en un terreno poco común: sin ser difícil, tiene un fuerte componente abstracto. Sin embargo, espero que a la hora de describir el libro que tiene ante sí, los adjetivos "académico", "técnico", "abstracto" y "teórico" le hagan tanta justicia como los adjetivos "directo", "claro" y "ameno".[4]

Para acabar, me permito recomendarles la lectura de todos los artículos que se citan a lo largo del texto, algunos de los cuales son imprescindibles para entender mejor la "cuestión catalana". Porque, claro está, no soy el primero ni en haber detectado la referida falta de reflexión ni en haber tratado de colaborar en dar solución a la misma. De hecho, en la (sobre)abundancia de bibliografía respecto a la relación Cataluña-España reside uno de los mayores desafíos del presente ensayo: convencer al po-

---

[4]Tampoco se trata fundamentalmente de un análisis sobre los consecuencias económicas que acarrearía la creación de un Estado catalán. A ello ya se dedican muchos otros estudios, aunque probablemente con moderado éxito predictivo dada la magnitud de la tarea y la práctica imposibilidad de llevarla a cabo de manera plenamente satisfactoria. Así sucede en general con las predicciones económicas. Ni tampoco se trata en gran medida de un texto sobre actualidad política en el que se discuten las diferentes estrategias de los partidos políticos o los detalles propios de las negociaciones entre ellos. Para eso, y más en una realidad tan cambiante como la política catalana, fruto de la gentileza del errático Mas y del incompareciente Rajoy, es mejor leer los periódicos.

tencial lector –al independentista, al antiindependentista, al equidistante, al indeciso, al entendido y al inexperto– de que podrá encontrar en estas páginas una manera novedosa de aproximarse al problema.

En cualquier caso, más allá de los argumentos concretos –algunos propios, otros ajenos– aportados y discutidos, este ensayo tiene, en mi opinión, un interés adicional en tanto que es también una compilación de ideas y de artículos sobre la independencia de Cataluña y sobre cómo decidirla en democracia. Una tarea de recopilación por supuesto incompleta que, en consecuencia, espero sea continuada por quienes, como yo, quieran aportar un grano de arena para clarificar este –a veces fascinante, a veces agotador, a veces incluso divertido– debate.

Capítulo 2

El referéndum por la independencia y la Teoría de la Elección Social

En un mundo rousseauniano ideal sería tarea de cada ciudadano contribuir al debate de ideas de una manera activa. Sin embargo, debatir requiere tiempo, esfuerzo y humildad para aceptar la derrota de ideas propias. Por estas y otras razones el suministro de argumentos está mayoritariamente en manos de profesionales, sean éstos políticos, articulistas o "lobistas". La delegación de dicha responsabilidad no es necesariamente mala, por lo menos si cada uno de nosotros mantiene un espíritu crítico que le permita reconocer los argumentos falaces o interesados. La razón es que en democracia disponemos de mecanismos –fundamentalmente las elecciones, aunque también los referéndums– que nos permiten ordenar los argumentos, en la medida en que las distintas opciones políticas se sustentan en ellos.

En política, no obstante, nada se acaba una vez disponemos de argumentos en favor de las distintas opciones políticas ordenados en función de su validez.[1] En efecto, un argumento, incluso si es robusto, puede bastar para que un ciudadano apoye una cierta opción política, pero puede no ser suficiente para que otro lo haga. Tal diferencia se debe, entre otros factores, a que los ciudadanos tenemos distintas preferencias sobre qué decisiones colectivas se deben tomar. Cómo agregar las preferencias de los distintos ciudadanos de la "mejor" manera posible es uno de los mayores desafíos que tenemos en democracia en general y en el caso que nos ocupa en este libro –la posibilidad de la independencia de Cataluña– en particular. Un desafío mayúsculo, como ya apuntó en los años cincuenta Kenneth Arrow, premio Nobel de Economía, mediante su célebre Teorema de Imposibilidad [195].

Para ilustrar la dificultad que supone en general agregar las preferencias de todos los ciudadanos con el objetivo de construir las "preferencias de la sociedad", consideremos el siguiente ejemplo, extremadamente sencillo y conocido por todos aquellos estudiosos de la Teoría de la Elección Social: Tres amigos, llamémoslos Anna, Bernat y Carles, tienen tres alternativas, llamémoslas X, Y y Z. Anna prefiere X a Y a Z.[2] Bernat prefiere Z a X a Y. Carles prefiere Y a Z a X.

Anna	X	Y	Z
Bernat	Z	X	Y
Carles	Y	Z	X
Los tres amigos	?	?	?

Cuadro 2.1: Las preferencias de los tres amigos (ordenadas de más a menos preferida).

Si los tres amigos se ven obligados a ordenar conjuntamente las tres al-

---

[1]A veces sólo podemos ordenar los distintos argumentos de manera parcial.
[2]En este caso, escribimos que para Anna se cumple que $X \succ Y \succ Z$.

ternativas –quizás para escoger la que quede en cabeza– en función de las preferencias de todos ellos, ¿cómo lo deberán hacer? A poco que piensen, y les recomiendo que lo hagan, verán lo complicado que es encontrar una respuesta que no presente inconvenientes.

Junto con el respeto al Estado de Derecho, la esencia de la democracia liberal consiste en permitir que en el proceso de formación de las "preferencias de la sociedad", que son las que determinarán en gran medida las decisiones colectivas que se acabarán tomando, puedan participar libremente todos los ciudadanos mediante su voto. La garantía del voto permite intentar plasmar en decisiones colectivas los objetivos de todos los ciudadanos en la medida de lo posible, sabiendo que la mayoría de veces sus intereses son contrapuestos. Evidentemente, existen otras opciones al margen de la democracia, como las dictaduras, en las que las preferencias sociales las determina un único individuo, el dictador. Sin embargo, en relación con la ordenación de las alternativas desde el punto de vista de toda la sociedad no deberíamos caer en la tentación de pensar que con garantizar que cada ciudadano emita un voto se acaba toda discusión.

Efectivamente, la garantía del sufragio universal no impide que existan muy variados procedimientos para agregar los votos de los ciudadanos, tanto en democracias directas como en democracias representativas. Sistemas proporcionales, sistemas mayoritarios, doble vuelta, mayoría simple, mayoría cualificada, derecho de veto, etc. Opciones todas ellas igual de democráticas –en el sentido de que garantizan el voto de todos los ciudadanos– aunque algunas presenten ventajas o inconvenientes en ciertas situaciones, o algunas sean más atractivas que otras en función de los principios (estabilidad o eficiencia, por ejemplo) que se quieran garantizar. Es decir, contrariamente a lo que algunos creen o quieren hacer creer, no basta con decir que queremos resolver los problemas mediante la democracia. Debemos aspirar a ser más precisos y ser capaces de determinar, en función de la naturaleza de la decisión a tomar, qué procedimiento democrático queremos usar. Como veremos, la elección de dicho procedimiento resulta generalmente determinante en la decisión social que se toma finalmente. De hecho, conviene señalar que a día de hoy muchos economistas, politólogos y filósofos estudian nuevas reglas que mejoren las que ya conocemos. Reglas que permitan, entre otras cosas, medir la intensidad de las preferencias de los ciudadanos [197].

Uno de los requerimientos mínimos que se acostumbra a pedir a todo procedimiento electoral –a pesar de que no siempre se cumpla en la práctica– es que, en caso de que exista un "Condorcet Winner", éste resulte escogido. De entre todas las alternativas posibles, una alternativa concreta es un "Condorcet Winner" si sale vencedora en una votación contra cada una de las restantes alternativas. Para entenderlo mejor, volvamos al ejemplo anterior y, asumiendo que Anna, Bernat y Carles votarán de acuerdo con sus preferencias, veamos qué sucedería si les preguntásemos a todos ellos si prefieren la alternativa X o la Y. No es muy difícil deducir que Anna y Bernat escogerían X, mientras que Carles escogería Y, por lo que podemos afirmar que "la sociedad prefiere X a Y", siendo la "sociedad" el conjunto formado por los tres amigos. Sin embargo, de igual manera se puede comprobar que "la sociedad prefiere Y a Z" y "Z a X". Es decir, no existe en nuestro problema un "Condorcet Winner", puesto que no hay ninguna alternativa que sea preferida por la sociedad a cada una de las otras alternativas.

De manera que, incluso en situaciones muy sencillas donde la voluntad de cooperación es máxima –se trata de tres amigos–, tomar una decisión colectiva acarrea necesariamente injusticias. En efecto, en nuestro proble-

	$X \succ Y$	$Y \succ Z$	$Z \succ X$
Anna	✓	✓	
Bernat	✓		✓
Carles		✓	✓

Cuadro 2.2: Ausencia de "Condorcet Winner".

ma, se escoja la alternativa que se escoja, ésta será la peor opción para uno de los amigos. Tal contrasentido se conoce con el nombre de "Paradoja de Condorcet".

¿Qué relación tiene todo lo anterior con la independencia de Cataluña y la posibilidad de decidir sobre ella en una consulta? Mientras que en nuestro ejemplo ilustrativo la sociedad está compuesta por los tres amigos, en el caso de la decisión sobre el futuro político de Cataluña, la sociedad está formada por (al menos) todos los catalanes. Aunque supone una simplificación, con el fin de entender la relevancia del presente capítulo desde la perspectiva de un referéndum sobre el futuro político de Cataluña, permítanme establecer a partir de ahora una correspondencia entre X, Y y Z y las categorías "Sí-Sí", "Sí–No" y "No" de la consulta del 9-N respectivamente. Así, podemos pensar que Anna es una votante favorable a la independencia de Cataluña, Bernat un votante que, aunque contrario a la independencia, no cree en la llamada "tercera vía", mientras que Carles es un firme partidario de esta última opción. En mi opinión, no se trata de una correspondencia artificiosa. Por el contrario, creo que tal identificación recoge muchos de los aspectos clave a tener en cuenta en cualquier análisis sobre cuáles deben ser los principios que rijan la decisión sobre si Cataluña debe ser independiente o no.[3]

En la interpretación de nuestro ejemplo como modelo de la sociedad ca-

---

[3]Nótese la total simetría entre las alternativas y las preferencias de los tres jugadores. De manera que cualquier biyección entre X, Y y Z, por un lado, y "Sí-Sí", "Sí–No" y "No", por otro, es igual de razonable a la luz de los resultados que veremos en este capítulo.

talana ante el referéndum de autodeterminación, el lector pícaro podría tener la tentación de pensar en la siguiente opción. Dado que los problemas en la agregación de preferencias surgen cuando existen al menos tres alternativas, cualquier dificultad o injusticia en el proceso de votación se desvanecería si tuviéramos en cuenta solamente las alternativas X ("Sí–Sí") y Z ("No") e ignorásemos la alternativa Y ("Sí–No"). Sin embargo, ello no es más que una ilusión ya que la alternativa Y es *de facto* la alternativa más preferida por muchos catalanes. Considerar sólo mecanismos que tengan en cuenta las alternativas X y Z supone simplemente restringir el universo de mecanismos posibles, y con ello la posibilidad de encontrar una solución suficientemente buena a nuestro problema.

En *Political Economy* es también muy conocido que aquel que fija las "reglas del juego" acostumbra a tener un poder muy grande para determinar, generalmente en su favor, cuál será la decisión social. Volviendo de nuevo a nuestro ejemplo, supongamos que Anna es la encargada de escoger cómo se vota. Dado que cada alternativa es la más preferida por exactamente uno de los amigos, un proceso de decisión para escoger una alternativa que conste de una sola ronda de votación, en el que se consideren todas las alternativas y en el que cada amigo participe sinceramente de acuerdo con sus preferencias arrojará el siguiente resultado: un voto para cada alternativa.

Ante la poca efectividad del procedimiento anterior, es posible que Anna piense en plantear a sus amigos otro procedimiento con las siguientes características: *(i)* que conste de dos rondas de votación; *(ii)* que en cada una de estas rondas se consideren solamente dos alternativas; *(iii)* que ninguna de las tres alternativas quede al margen del proceso de votación propuesto. En tal caso, es fácil ver que Anna seguramente propondrá que se decida primero entre Y y Z, y que a continuación se vote entre X y el ganador de la anterior votación. Si todos los amigos votan de acuerdo con sus preferencias, la vencedora del proceso de votación propuesto por Anna será la alternativa X, que es la mejor alternativa para ella. En efecto, nótese que, por un lado, la sociedad prefiere Y a Z, de manera que Y resultará la alternativa vencedora en la primera votación. Por otro lado, la sociedad prefiere X a Y, de manera que la alternativa X resultará elegida en la segunda votación. Por tanto, Anna habrá aprovechado su poder para fijar las reglas de la votación para afectar en su favor la decisión colectiva final.

Los problemas asociados a la agregación de preferencias no se agotan con la injusticia a veces inevitable que acarrea toda decisión social ni con el poder de aquel que controla cómo se vota. En efecto, supongamos que Carles anticipa que, si los tres amigos votan "sinceramente" de acuerdo con sus preferencias, el procedimiento propuesto por Anna determinará que la alternativa X sea escogida. Entonces, imaginemos por un momento que a Carles se le ocurre "mentir" en la primera votación –en la que se decide entre Y y Z– y decide votar por Z en lugar de por Y, a pesar de que él prefiere Y a Z de acuerdo con sus preferencias.

Anna	X	Y	Z
Bernat	Z	X	Y
Carles (verdadera)	Y	Z	X
Carles (falsa)	Z	Y	X

Cuadro 2.3: Las preferencias de los tres amigos cuando Carles miente (ordenadas de más a menos preferida).

Si Carles "miente" en esta primera votación mientras que Anna y Bernat votan "sinceramente", la alternativa vencedora tras esta primera ronda será Z. En efecto, Z obtendrá los votos de Bernat y Carles, más que cualquier otra alternativa. Dado que tanto Bernat como Carles prefieren Z a X y dado que no hay más rondas de votación, es fácil deducir que la alternativa Z resultará vencedora ante la alternativa X en la segunda votación. Es decir, Carles se habrá beneficiado de "mentir" al conseguir que la decisión colectiva final no implique la elección de la alternativa menos deseada por él. Y, de paso, habrá perjudicado a Anna, pues Z es la peor alternativa para ella. La posibilidad de que "mentir" en las preferencias pueda resultar beneficiosa para el "mentiroso" no es deseable en democracia, pues fomenta la discriminación entre ciudadanos en función de su inteligencia o formación (o de la de sus padres). Tal discriminación ocurre, por ejemplo, en los mecanismos de asignación de estudiantes a escuelas públicas, tanto en ciudades españolas como en Boston o Nueva York.[4]

El ejemplo de los tres amigos sugiere, por tanto, que la agregación de preferencias en democracia puede acarrear varios problemas, al menos en ciertas situaciones. Del Teorema de Imposibilidad de Arrow –y de otros hallazgos de la Teoría de la Elección Social– sabemos que, de hecho, no podemos escapar en general de tal "maldición", tampoco para decidir sobre la independencia de Cataluña. A continuación veremos en detalle por qué. Dada la abstracción de las siguientes páginas, recomiendo al lector perezoso que se las salte y proceda directamente al siguiente capítulo del ensayo. Con ello sólo dejará de entender los detalles de los resultados matemáticos más importantes de la Teoría de la Elección Social pero no así sus ideas fundamentales, ya expuestas.

Mediante su celebrado resultado matemático, Kenneth Arrow demostró que, cuando tenemos al menos tres alternativas, no existe ninguna manera de ordenarlas desde el punto de vista de la sociedad entera –a partir de las preferencias de los distintos individuos de la sociedad, sean éstas las que sean– que cumpla las siguientes propiedades. En primer lugar,

---

[4]En estas ciudades americanas ha habido últimamente cambios en los mecanismos de asignación con el fin de minimizar los efectos nocivos de las "mentiras" [4].

que ordene las alternativas en función de su eficiencia. Es decir, si una alternativa concreta es preferida a otra por todos los ciudadanos, el orden social debe situar a aquélla por encima de ésta. En nuestro ejemplo, esta condición –que se conoce como "Eficiencia de Pareto"– nos dice que si los tres amigos prefieren X a Y, el orden social debe situar a X por encima de Y. En segundo lugar, que no exista ningún individuo de la sociedad que dicte la decisión social de acuerdo con sus preferencias particulares. En nuestro ejemplo, esta segunda condición –a la que llamaremos "Ausencia de dictador"– impide que, para construir el orden social, tomemos por defecto y en cualquier caso el orden de preferencias de uno de los amigos, por ejemplo Bernat, que sería el "dictador". En tercer lugar, que el orden relativo de dos alternativas cualquiera en el orden social sólo dependa del orden relativo de estas alternativas en las preferencias de cada ciudadano. En nuestro ejemplo, esta última condición –conocida como "Independencia respecto a alternativas irrelevantes"– nos dice que para decidir si el orden social sitúa a X por encima de Y solamente debemos tener en cuenta si Anna, Bernat y Carles prefieren X a Y o si por el contrario prefieren Y a X, independientemente de sus preferencias por Z.[5]

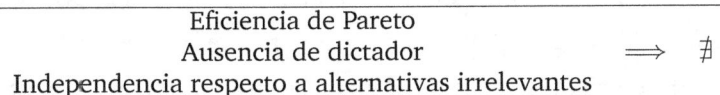

Eficiencia de Pareto	
Ausencia de dictador	$\implies$ $\nexists$
Independencia respecto a alternativas irrelevantes	

Cuadro 2.4: Teorema de Imposibilidad de Arrow.

El resultado matemático probado por Arrow apunta a la dificultad –¿imposibilidad?– de encontrar una manera universal suficientemente satisfactoria de decidir en democracia. La razón es que las tres condiciones anteriores, muy razonables cuando se consideran por separado, resultan ser incompatibles entre sí cuando se requiere el cumplimiento simultáneo de todas ellas. Ciertamente, es posible que el lector perspicaz piense

---

[5]En matemáticas, el símbolo $\nexists$ significa "no existe".

que la tercera condición –llamada independencia respecto a las alternativas irrelevantes– no es tan necesaria como las otras dos condiciones, que son prácticamente indiscutibles. Sin embargo, el abanico de posibilidades interesantes que se abre ante nosotros si no consideramos esta tercera condición es minúsculo. Veámoslo.

Por todos es sabido que en determinadas elecciones algunos ciudadanos no votan directa y explícitamente de acuerdo con sus preferencias, sino que lo hacen estratégicamente. Por ejemplo, en las elecciones generales (en España) algunos catalanes han tendido a votar históricamente al PSOE, a pesar de que preferían a otros partidos como ERC, CiU o ICV, con el único fin de evitar que el PP ganase las elecciones. Este fenómeno explica de manera parcial los distintos resultados obtenidos en Cataluña en función del tipo de elección.[6] Dicho de otra manera, el voto de los ciudadanos no siempre sigue mecánicamente de sus preferencias. Esta posibilidad puede ser una nueva fuente de ineficiencia en los procedimientos de decisión en las democracias liberales.

En efecto, unos años más tarde del hallazgo de Arrow, otros dos economistas, Allan Gibbard y Mark Satterthwaite, demostraron un nuevo Teorema de Imposibilidad [201, 209]. Más concretamente, ambos probaron (por separado) que cuando tenemos al menos tres alternativas no existe ninguna manera determinística de escoger socialmente una única alternativa –a partir de las preferencias de los distintos individuos de la sociedad– que esté a prueba de "dictadores" en el sentido de Arrow y que cumpla dos condiciones adicionales. En primer lugar, que en caso de unanimidad sobre cuál es la mejor alternativa, ésta sea elegida. En nuestro ejemplo, esta condición nos dice que si los tres amigos prefieren X sobre cualquiera de las otras alternativas, la elección social debe ser X. En segundo lugar,

---

[6]Al análisis de esta diferencia volveremos en el siguiente capítulo.

que no se den incentivos a alguno de los individuos para que vote "estratégicamente". Dicho en otras palabras, que ningún individuo prefiera "mentir" y no votar de acuerdo con sus verdaderas preferencias a cambio de que, desde su punto de vista, la decisión social sea mejor en comparación con el caso en que no "mintiese". En nuestro ejemplo, la segunda de las condiciones demanda que no existan incentivos para que alguno de los amigos "mienta" –a semejanza de Carles anteriormente– a cambio de que la decisión final, que estará basada en las preferencias que los amigos dicen tener y no en las que realmente tienen, sea mejor desde el punto de vista del "mentiroso".

Unanimidad		
Ausencia de dictador	$\Longrightarrow$	$\nexists$
A prueba de mentiras		

Cuadro 2.5: Teorema de Imposibilidad de Gibbard-Satterthwaite.

Al margen de las deficiencias anteriores apuntadas por Arrow, Gibbard y Satterhwaite, existen otros muchos problemas que demuestran que la maldición de agregar socialmente las preferencias de todos los ciudadanos es aún más honda de lo que podríamos haber imaginado en un primer momento. Veamos un par de ejemplos significativos. Por un lado, Richard Mckelvey, y otros autores a continuación de él, han demostrado que el poder de fijar las "reglas del juego", en concreto la capacidad para fijar el orden en que se debaten y votan las distintas alternativas en un Parlamento, es en general extremadamente determinante en la decisión que se acabe implementando [204]. Es más, este poder se acentúa cuando existen dos ejes ideológicos ortogonales, como así sucede en Cataluña con la existencia de los ejes "derecha–izquierda" y "Cataluña–España". En concreto, Mckelvey probó un nuevo resultado matemático con el que demostró que, con el fin de que una alternativa en particular resulte escogida, al político que controla la agenda le basta con establecer un orden concreto según el cual las distintas alternativas se votarán de dos en dos. A modo de ejemplo, recuérdese que en nuestro ejemplo Anna consigue que X sea escogida si en la primera ronda de votación se elige entre Y y Z y en la segunda ronda de votación se vota entre el X y la alternativa vencedora en la primera ronda.

Por otro lado, otro premio Nobel de Economía, Amartya Sen, demostró en lo que se conoce como "Liberal Paradox" que la dificultad de agregar las preferencias de todos los ciudadanos se manifiesta también en la incompatibilidad en general entre los siguientes tres principios: eficiencia, democracia y libertad [210]. Para entender mejor esta paradoja, que como veremos puede ser reinterpretada de manera relevante para el caso que nos ocupa en este libro, tomemos el ejemplo propuesto por el propio Sen.

Ejemplo de la "Liberal Paradox" [210]: *Un ejemplar de "Lady Chatterley's Lover", libro escrito por D.H. Lawrence en 1928, se encuentra en la biblioteca de una casa. En ella viven dos familiares, tía y sobrino, a los que llamaremos Anna y Bernardo respectivamente. En relación con el libro, existen tres alternativas:*

(X) *Nadie lee el libro.*

(Y) *Anna lee el libro.*

(Z) *Bernardo lee el libro.*

Las preferencias de ambos familiares son las siguientes:

- *Anna prefiere que nadie lea el libro por encima de cualquier otra opción. Sin embargo, ante la disyuntiva de que alguien lo lea prefiere ser ella quien lo lea –para así evitar que Bernardo se vea influenciado por* *las ideas transgresoras contenidas en el libro. Es decir, para Anna se cumple que $X \succ Y \succ Z$.*

- *Bernardo prefiere ante todo que alguien lea el libro. Además, prefiere que sea Anna la que tenga la oportunidad de leer a Lawrence –para así tratar de cambiar sus ideas conservadoras. Es decir, para Bernardo se cumple que $Y \succ Z \succ X$.*

En este ejemplo, la sociedad está compuesta por Anna y Bernardo. El objetivo de la sociedad es escoger una y sólo una de las alternativas. Por un lado, imaginemos por un momento que la disyuntiva de la sociedad es solamente entre las alternativas X (nadie lee) e Y (Anna lee). Si aceptamos los valores liberales más básicos, debemos dar la posibilidad a Anna de que sea ella quien escoja entre X e Y. En efecto, que un adulto pueda decidir por sí mismo si lee un libro o si, por el contrario, declina su lectura parece un principio irrenunciable de toda democracia liberal. De manera que si la sociedad compuesta por Anna y Bernardo cree en tales principios, X resultará escogida ante tal dicotomía. La razón es que Anna preferirá no leer el libro en el ejercicio de su libertad y de acuerdo con sus preferencias. Por otro lado, supongamos ahora que la disyuntiva para la sociedad es solamente entre las alternativas X (nadie lee) y Z (Bernardo lee). En base a una argumentación análoga a la anterior, Z resultará elegida por la sociedad como resultado de las preferencias de Bernardo y de su libertad para escoger entre ambas alternativas. En resumen, desde el punto de vista de una sociedad liberal se debe cumplir que

$$Z \succ X \quad \text{y} \quad X \succ Y.$$

De manera que Z (Bernardo lee) parece la alternativa ideal para ser escogida por la sociedad, ya que es preferida socialmente a X, al tiempo que X es preferida socialmente a Y. Sin embargo, existe un problema: tanto Anna como Bernardo prefieren Y (Anna lee) a Z (Bernardo lee). Es decir, desde *el punto de vista de la sociedad parece irrenunciable que se cumpla también que*

$$Y \succ Z.$$

En otras palabras, Y debe ser socialmente preferida a Z. De manera que no existe para este ejemplo un alternativa suficientemente buena desde el punto de vista de la sociedad si al margen de requerir que ésta sea liberal imponemos la siguiente condición: que no exista una alternativa distinta a la elegida que sea más preferida que ésta por cada uno de los miembros de la sociedad. La razón es que para cada una de las tres alternativas –X, Y o Z– hemos encontrado razonadamente otra alternativa que es mejor. De nuevo, como en el ejemplo de los tres amigos, las tres alternativas se pueden organizar en forma de "ciclo" desde el punto de vista de las preferencias de la sociedad entera.

El ejemplo propuesto por Sen ilustra un nuevo Teorema de Imposibilidad. En concreto, Sen demostró que no existe en general una manera de escoger una sola alternativa de entre un conjunto de al menos tres alternativas que cumpla los siguientes principios:

- *Eficiencia:* ninguna alternativa debe ser escogida si es menos preferida que otra por todos los individuos de la sociedad.

- *Democracia:* la manera de escoger debe poder aplicarse en cualquier circunstancia, i.e., sean cuales sean las preferencias de los individuos de la sociedad.

- *Libertad:* para cualquier miembro de la sociedad debe existir al menos un par de alternativas cuyo orden de acuerdo con la sociedad dependa enteramente de las preferencias de éste.

| Eficiencia |
| Democracia $\implies$ $\nexists$ |
| Libertad |

Cuadro 2.6: Teorema de Imposibilidad de Sen.

Para entender la relevancia de la "Liberal Paradox" en el caso de la independencia de Cataluña, hagamos de nuevo la correspondencia entre X, Y y Z y las tres alternativas de la consulta del 9-N, i.e., "Sí–Sí", "Sí–No" y "No". Aunque ello sea una evidente simplificación, supongamos también que Anna representa al votante mediano catalán y Bernardo, al votante mediano español. De acuerdo con las preferencias del ejemplo anterior, las preferencias de Anna son "Sí-Sí" $\succ$ "Sí-No" $\succ$ "No" y las de Bernardo son "Sí-No" $\succ$ "No" $\succ$ "Sí-Sí". Además, asumamos que:

(a) De acuerdo con la condición de que Cataluña tiene "derecho a decidir", a Anna se le permite poder escoger unilateralmente entre X ("Sí-Sí") e Y ("Sí–No"). En otras palabras, si la disyuntiva social es solamente entre una reforma federal (alternativa Y) y la independencia (alternativa X), Anna puede ejercer esta última opción unilateralmente.

(b) De acuerdo con la Constitución española, a Bernardo se le permite poder escoger unilateralmente entre Z ("No") y X ("Sí-Sí"). En otras palabras, si existe una dicotomía desde el punto de vista de la sociedad solamente entre *status quo* (alternativa Z) e independencia (alternativa X), Bernardo puede bloquear esta última opción.

Nótese que tanto a Bernardo como a Anna se les han garantizado unos derechos, pero no de manera incondicional. El derecho incondicional a ejercer X (la independencia de Cataluña) por parte de Anna y el derecho incondicional a ejercer Z (la indivisibilidad del Estado español) por parte de Bernardo son obviamente incompatibles entre sí dadas las preferencias de ambos. Por esta razón, y con el objetivo de averiguar si existe una solución a tal callejón sin salida, he considerado versiones *light* de ambos derechos. Sin embargo, según el modelo simplificado de la realidad con Anna y Bernardo y en aplicación del Teorema de Imposibilidad de Sen, la resolución eficiente sobre la posibilidad de la independencia de Cataluña en el marco de una democracia liberal –la española– tampoco es posible incluso si a Cataluña se le garantiza la anterior versión *light* del derecho a decidir –la de Anna– y a España la anterior versión *light* del derecho a la indivisibilidad del Estado español –la de Bernardo. Como veremos más adelante, *(a)* la soberanía de los Estados modernos recae prácticamente sin excepción en el conjunto de sus ciudadanos y *(b)* el derecho a decidir no existe en ninguno de estos Estados. Es decir, ante el dilema entre derecho a decidir e indivisibilidad de la soberanía, todo parece indicar que las democracias occidentales han tomado ya partido: indivisibilidad de la soberanía.[7,8]

Ante una decisión tan trascendental como la de partir un país, España en este caso, parece capital comprender en profundidad todas las limitaciones de los procedimientos de votación expuestas con anterioridad.[9] De igual manera, debemos ser conscientes de que la no resolución de una hipotética independencia de Cataluña mediante algún tipo de consulta también acarrea problemas: el fundamental, que haya ciudadanos que se quieran marchar del Estado al que pertenecen, siendo ello muy poco deseable desde el punto de vista democrático. Además, es indudable que

---

[7]La tensión entre ambos principios está reconocida incluso por la ONU: [5].

[8]Por supuesto, el modelo anterior es sólo un ejemplo ilustrativo obtenido de una adaptación libre del Teorema de Sen al problema de la independencia de Cataluña. De manera que no es correcto deducir que de acuerdo con la Teoría de la Elección Social la independencia unilateral de Cataluña no puede ser democrática y eficiente a la vez.

[9]Debido a la polarización del electorado y a las consecuencias a largo plazo de cualquier decisión que se tome, se trata de un requerimiento mucho más crucial que para el caso de unas elecciones ordinarias.

la abrumadora mayoría de los catalanes quiere resolver la situación en la que nos encontramos mediante algún tipo de consulta o referéndum. Pero también es cierto que una consulta vinculante plantea una serie de problemas desde el punto de vista democrático. La razón es que no existe una única manera universal de decidir en democracia, tampoco (y muy especialmente) en el caso de la independencia de Cataluña. Y es posible que estos últimos problemas puedan llegar a ser mucho más acentuados que los problemas asociados al mantenimiento del *status quo*, sobre todo si esta última posibilidad permite en el futuro una serie de reformas menos radicales.[10]

La inexistencia de una solución perfecta al problema de decidir sobre el futuro político de Cataluña no debe interpretarse en ningún caso como una invitación al inmovilismo. Por el contrario, creo que, una vez conscientes los ciudadanos de tal problemática, debemos tratar entre todos –independentistas o no– de encontrar una manera de decidir que minimice, entre otros aspectos, la capacidad de influir en el resultado de la votación ya sea mediante el control sobre el "proceso" o mediante la no revelación de nuestras preferencias verdaderas. Y así determinar también qué principios queremos que rijan las decisiones sociales en democracia, en general, y la decisión sobre la independencia de Cataluña, en particular. A su vez, esto último puede ayudarnos a reflexionar sobre la conveniencia o no de situar la independencia de Cataluña en el nivel más alto de las (pre)ocupaciones de ciudadanos y poderes públicos, sabiendo que sea cual sea la decisión final, ésta acarreará injusticias y será insatisfactoria para muchos ciudadanos.

Permítanme un comentario final. Como ya se ha dicho, dos son los obstáculos más acuciantes que a mi juicio acompañan el debate sobre la po-

---

[10]A algunos de ellos volveremos en el siguiente capítulo.

sibilidad de crear un Estado catalán. Por un lado, creo que los ciudadanos debemos ser más conscientes de los numerosos problemas que presenta cualquier procedimiento de votación que trate de agregar nuestras preferencias políticas. El presente capítulo ha estado dedicado a poner de manifiesto este primer obstáculo. Por otro lado, para que podamos determinar tanto nuestras preferencias individuales sobre la independencia de Cataluña como los principios a los que nos queremos adherir para decidirla entre todos los ciudadanos, debemos pedir que los argumentos políticos no pasen por alto la complejidad de ambas cuestiones: una democracia liberal saludable no sólo debe garantizar el voto de los ciudadanos sino que debe ayudar a que, antes de su ejercicio, existan las condiciones para una suficiente deliberación sobre las distintas alternativas por parte de toda la ciudadanía. Al análisis de muchos de los argumentos usados por los distintos actores del proceso catalán está dedicado por completo el siguiente capítulo de este ensayo.

Los dos obstáculos anteriores están relacionados en la medida en que ponen en entredicho la calidad del proceso de decisión en democracia. La razón es que afectan a algunas de sus diferentes etapas, en concreto a las dos primeras. De manera esquemática y estática, dicho proceso consiste – conviene recordar– en: primero, la formación de las preferencias de todos los ciudadanos; segundo, la elección de un procedimiento para agregar todas las preferencias individuales mediante los votos (e.g. el 9-N o el 27-S); tercero, la emisión del voto por parte de cada uno de los ciudadanos.

Ciertamente, la formación de las preferencias de cada ciudadano es en realidad dinámica. Con el objetivo de encontrar una descripción sencilla de las democracias liberales, hemos supuesto que en ellas la elección del procedimiento para agregar las preferencias de los ciudadanos sucede en segundo lugar, tras la determinación de aquéllas. Sin embargo, este último proceso depende –entre otros factores– de cómo se acabaran agregando las preferencias de los distintos ciudadanos. Esto se debe en parte a que dicha elección es una decisión política, al menos en el caso que nos ocupa, y al hecho de que los ciudadanos reaccionan a las decisiones políticas. De manera que la segunda etapa del proceso de decisión en democracia es a la vez anterior y posterior a la primera etapa. En el caso que nos ocupa, está claro que el apoyo a la independencia de Cataluña puede llegar a depender del procedimiento finalmente escogido para dirimir tal cuestión. Indudablemente, esta posibilidad añade complejidad al proceso que vivimos.

Si nos concentramos únicamente en la determinación del procedimiento de agregación de preferencias, no obstante, los problemas de endogeneidad prácticamente desaparecen. La razón es que la elección de aquél se basa, o se debería basar, en principios fundamentales que nada tienen que ver con las tácticas políticas, sometidas como están éstas a frecuentes fluctuaciones, ni con las ideologías con una carga sentimental muy elevada, caso de los nacionalismos. Por ejemplo, para ser un principio sólidamente fundado, el apoyo al uso de mayorías cualificadas para el cambio del *status quo* debería ser independiente de si se trata de un cambio a nivel catalán o a nivel español. En relación con los principios que deben regir las decisiones sociales debería ser posible por tanto que los ciudadanos estableciéramos entre nosotros una "discusión" más "racional": "discusión" porque no existe unanimidad entre la ciudadanía respecto a qué principios deben regir las decisiones de la sociedad; "racional" porque se trata de encontrar mediante la discusión un punto de encuentro entre aquellos principios que satisfaga al mayor número posible de ciudadanos. A mi juicio, la posibilidad de establecer tal discusión racional entre todos – catalanes y el resto de españoles– es capital: ante la imposibilidad de que, al menos a corto plazo, gran parte de la población cambie sus preferencias respecto a la independencia de Cataluña y dada la tensión existente –en España pero también dentro de la propia Cataluña– entre las voluntades de la mayoría y de la minoría, podemos al menos tratar de acordar entre todos cuáles deben ser los principios en los que la sociedad en su conjunto debe fundamentar sus decisiones. ¿Es esto último inviable? A mi no me lo parece, al menos en comparación con la posibilidad, muy remota, de que las preferencias sobre la independencia de Cataluña dejen de estar tan polarizadas en el corto plazo.

Capítulo 3

El proceso catalán desde la comparación, la Lógica y la Teoría de Juegos

El presente capítulo contiene una serie de reflexiones mediante las que se examinan algunos de los argumentos que los distintos actores políticos acostumbran a usar en el debate sobre el proceso soberanista catalán. Muy probablemente, algunas de las ideas que se detallarán a continuación desafiarán la complacencia intelectual del lector que se sienta muy seguro en sus convicciones. De manera que si no quiere vacilar en relación con sus opiniones políticas, ni que sea por un tiempo hasta que pueda resolver las posibles dudas, le recomiendo que no siga leyendo. Si, por el contrario, está dispuesto a aceptar el desafío de dudar con algunas de las ideas que a partir de ahora se desgranarán, quizás para a continuación rebatirlas, continúe con la lectura. La disfrutará, o al menos eso espero.

Ante todo, quiero dejar claro que no pretendo minusvalorar los sueños, aspiraciones o sentimientos de nadie, todos ellos tan libres. Pese a que personalmente tengo una opinión sólida al respecto, soy consciente del sentimentalismo que conllevan las discusiones sobre la posible independencia de Cataluña. De manera que tampoco pretendo, bajo ningún concepto, desmerecer ninguna opción política, tan legítimas todas ellas. Menos aún es mi objetivo cambiar la opinión del lector. De hecho, no se revelarán recetas milagrosas ni se presentará una solución mágica del problema. Como ya hemos visto, no existe una solución que sea indiscutiblemente la mejor. Asimismo, también debo advertir al lector que no ha sido mi pretensión crear un texto orgánico en el que exista una idea común que fluya a lo largo del texto. Sí subyace en todos los argumentos analizados, no obstante, una misma característica metodológica: en la medida de mis posibilidades he puesto a prueba la robustez de cada uno de los argumentos. Algunos han sobrevivido al examen, otros no.

Con el fin de facilitar la lectura de esta capítulo, que es muy extenso, he agrupado el análisis de los distintos argumentos en tres bloques en función de la manera principal (aunque a veces no única) mediante la cual los he analizado. En el primer bloque, fundamento mi análisis en el uso de la comparación. En el segundo bloque, me apoyo en la Lógica. En el tercer bloque, abordo ciertos argumentos desde la Teoría de Juegos. Cada uno de los bloques, y dentro de ellos cada uno de los argumentos analizados, se pueden leer independientemente los unos de los otros en el orden que se crea más conveniente. Creo necesario subrayar también que tanto la extensión como el grado de abstracción de cada una de estas reflexiones es muy variable. Al margen del análisis crítico de dichos argumentos, el presente capítulo concluye con algunas reflexiones adicionales sobre otros aspectos en mi opinión relevantes del proceso catalán.

En primer lugar, creo que es una buena idea analizar el proceso soberanista catalán mediante la comparación con procesos políticos similares que se han dado en otros países o, incluso, mediante la comparación con algunos fenómenos de la naturaleza ampliamente entendidos por la Ciencia. Así nos puede resultar más fácil no repetir errores que otros cometieron. En particular, el conocimiento comparado de sistemas políticos (y de actitudes políticas) es necesario para evitar caer en el error de pensar que el caso catalán/español es único en el mundo. Por ejemplo, la indisoluble unidad de la "nación española" tiende a ser descrita como un vestigio franquista, cuando, al margen de interpretaciones esencialistas del significado de la palabra "nación", el hecho de que la soberanía del Estado español sea indivisible y resida en todos y cada uno de los ciudadanos de un país es, como ya se ha dicho, una característica común a la mayoría de las constituciones de países occidentales.[1]

En segundo lugar, la Lógica es una ciencia formal que nos permite demostrar la validez de argumentos deductivos. Un argumento deductivo permite obtener conclusiones de ciertas premisas a partir de unas reglas básicas. Comprobar si los argumentos usados en el debate que nos ocupa son correctos desde el punto vista lógico, así como examinar la generalidad de sus premisas, me parece una buena manera de saber cuán robustos son aquéllos. Cuando estos argumentos son correctos y las premisas son generales, la Lógica nos permite además obtener otras conclusiones. De todo ello nos ocuparemos en esta parte del ensayo en relación con el proceso catalán.

En tercer lugar, la Teoría de Juegos es una rama de la Teoría Económica que, desde la publicación en 1953 del libro *Theory of games and economic*

---

[1]Vigente Constitución de Italia (1947), art. 5: "La Repubblica, una e indivisibile, riconosce e promuove le autonomie locali..."; Vigente Constitución de Portugal "A soberania, una e indivisível, reside no povo"; Vigente Constitución de Francia (1958), arts. 1 "La France est une République indivisible, laïque, démocratique..." y 3 "La souveraineté nationale appartient au peuple(...)Aucune section du peuple ni aucun individu ne peut s'en attribuer l'exercice."

behavior por parte de John Von Neumann y Oskar Morgestern, ha vivido un desarrollo muy significativo [218]. Además, desde la película sobre el recientemente fallecido John Nash, *A Beautiful Mind*, su notoriedad ha trascendido un poco al ambiente puramente académico, al menos nominalmente. Mediante el uso de las matemáticas, la Teoría de Juegos estudia dos tipos de problemas que pueden ayudarnos a entender mejor ciertos aspectos relacionados con la independencia de Cataluña.

De un lado, la Teoría de Juegos trata de entender –para luego tratar de predecir– el comportamiento de personas (u otros agentes) en situaciones estratégicas. De ello se ocupa en concreto la *Teoría de Juegos No Cooperativos*. Ejemplos de situaciones estratégicas son: la negociación de un turista con un vendedor del Gran Bazar en Estambul sobre el precio a pagar por una alfombra, un penalty en un partido de fútbol, una subasta en Christie's o la decisión sobre cuándo irnos de vacaciones con el fin de evitar la congestión en el tráfico. Ejemplos de situaciones no estratégicas son: el lanzamiento de un tiro libre en baloncesto o la decisión sobre si cumplir o no una dieta para adelgazar. En estas últimas situaciones, el "resultado" depende enteramente del responsable de tomar la decisión y de nadie más. Por el contrario, en una situación estratégica el "resultado" depende de las decisiones de más de un agente, por ejemplo del lanzador y del portero en el caso de un penalty.

De otro lado, la Teoría de Juegos trata de entender desde el punto de vista normativo problemas de escasez en los que existe un bien (dinero, poder, tiempo, etc) limitado y varios agentes que pueden colaborar entre sí para obtener parte de este bien. En otras palabras, ¿qué principios deben regir la división del bien entre los distintos agentes? De ello se ocupa en concreto la *Teoría de Juegos Cooperativos*. Ejemplos de este tipo de problemas son: el reparto de activos en caso de bancarrota o el orden de preferencia de los aviones en el despegue en una pista de un aeropuerto. Como veremos, en el caso de la independencia de Cataluña ambas ramas de la Teoría de Juegos nos proporcionan herramientas que nos permitirán pensar independientemente mediante modelos simplificados de la realidad.

Antes de proseguir, permítanme algunos comentarios adicionales. Para empezar, la colección de ideas del presente capítulo contiene un cierto sesgo. Ello responde en gran medida a que la propuesta de romper con el *status quo* procede fundamentalmente de los partidarios de la independencia de Cataluña. Corresponde a ellos, por tanto, defender su propuesta de cambio. Este sesgo no se manifiesta en el tratamiento de cada argumento, que he tratado sea el menor posible, sino en la propia selección de argumentos. Dado el hiperactivismo del independentismo catalán, hay en la arena política muchos más argumentos en favor de la independencia de Cataluña que en contra. Por supuesto, existen muchos otros argumentos que no he tratado, de manera que, como en muchas otras compilaciones, las ausencias pueden llegar a ser más significativas que las presencias. Para acabar, es verdad, remarcar las debilidades de un proyecto político es más fácil que plantear nuevas propuestas. Sin embargo, ¿no se nutre precisamente el independentismo, junto a un optimismo desmesurado en las bondades de la independencia, de las debilidades que el proyecto de Estado español sufre desde que empezó la crisis en el 2008? Analizar la democracia liberal como conjunto de mecanismos para decidir sobre el futuro político de Cataluña es necesario para evitar caer en la tentación de reducir la democracia a un solo elemento, sea éste el sufragio universal –como hacen algunos partidarios de la independencia de Cataluña– o el imperio de la ley –como hacen algunos detractores de la misma.

3.1 El proceso catalán desde la comparación

I Una de las razones más esgrimidas por los partidarios de la independencia de Cataluña es que ésta será beneficiosa para sus ciudadanos desde el punto de vista de la economía. Sin embargo, el impacto económico de la independencia de Cataluña (en Cataluña y en el resto de España) es incierto. Debido a la falta de antecedentes, mucho más incierto que el impacto de la no independencia. Al menos a corto y medio plazo e incluso en el caso de ser una separación aceptada por parte del Estado español. Por ejemplo, si la Agencia Tributaria española no colaborara lo suficiente con las autoridades catalanas, el fraude fiscal en una Cataluña independiente podría ser en un inicio tan grande que hundiese las finanzas públicas, y con ellas el estado del bienestar [6]. En el reciente referéndum para la secesión de Escocia, por poner otro ejemplo, las predicciones de los independentistas escoceses sobre el precio del petróleo, altas expectativas en las que se fundamentaron parte de las ansias secesionistas, se han manifestado ahora como totalmente equivocadas [7]. Por supuesto, así como una Escocia independiente se podría haber beneficiado de un aumento en el precio del petróleo, este nuevo Estado estaría sufriendo ahora mismo severamente a consecuencia del bajo precio del crudo.[2] Ello demuestra que dejar de lado cualquier análisis sobre la incertidumbre al tomar una decisión tan trascendental como separar Cataluña de España es cuando menos irreflexivo, cuando no simplemente imprudente. En el caso de Cataluña, si bien la situación actual no es nada buena para muchos, ¿por qué personas que en otros ámbitos de la vida huirían del riesgo asociado con la incertidumbre, no sólo no rehuyen tal riesgo sino que lo fomentan?

---

[2]Aunque aún no fuera independiente, la posición negociadora de Edimburgo ante Westminster sería actualmente mucho peor.

Por supuesto, y afortunadamente para todos, siempre han existido personas dispuestas a tomar riesgos en su vida privada, e.g. invirtiendo en negocios inciertos que acaban transformando la sociedad a mejor. La propensión de algunos al riesgo está, por tanto, y junto a otros factores, en la génesis de sociedades prósperas como las actuales.[3] Sin embargo, el riesgo asociado a la posible independencia de Cataluña es de una naturaleza distinta, pues no sólo involucra a aquellos que están dispuestos a tomarlo. También afecta directamente al resto de ciudadanos, por supuesto a los catalanes, así como al conjunto de españoles, ya que la independencia de Cataluña tendría un efecto sobre lo que quedase de España. Conviene, pues, ser cauto a la hora de trazar paralelismos entre las actitudes individuales frente al riesgo en la vida personal y las actitudes frente al riesgo en decisiones políticas que nos afectan a todos. En este último caso, al margen de las diversidad de actitudes de los ciudadanos ante el riesgo, los potenciales costes y beneficios de una eventual independencia de Cataluña se repartirían seguramente de forma muy heterogénea entre la población [8].[4] A mi juicio, pasar por alto estos detalles denota una concepción cuando menos interesada de la democracia, cuando no simplemente instrumental en relación con los fines propios que se persiguen. La razón es que supone obviar por completo el impacto de ciertas decisiones colectivas en aquellos ciudadanos que son contrarios a ellas.

¿De dónde proceden fundamentalmente los riesgos asociados a la independencia de Cataluña? Por un lado, Cataluña pertenece por ser parte de España a muchos organismos internacionales, en especial a la UE. España ha firmado miles de tratados a lo largo de las últimas décadas. La posibilidad de perder muchos de los privilegios individuales asociados al hecho de ser españoles en caso de independencia de Cataluña no puede,

---

[3] Si bien es cierto que más en EEUU que en la mayoría de países europeos.

[4] Así sucede con la mayoría de decisiones políticas, que favorecen a unos ciudadanos y perjudican a otros.

por tanto, ser ignorada.[5] La poca credibilidad de tales amenazas, esgrimida frecuentemente por reputados economistas en base a la inconsistencia temporal intrínseca a tales situaciones, esconde algunas simplificaciones: no se trata sólo de un juego estratégico de dos etapas (antes y después de la independencia) entre España y Cataluña. Francia y otros países, así como la UE como organización de Estados, tienen un gran interés, muchas veces hecho público, en que no se precipite una cadena de independencias en Europa, ya que a largo plazo podría dificultar la gobernabilidad de la UE [9]. Una forma evidente de tratar de evitarlo es hacer que la independencia de una región no salga "gratis", sobre todo si ésta no se hace con el respaldo del Estado desmembrado. A un análisis más pormenorizado de este argumento desde la Teoría de Juegos volveremos más adelante.

Al ser casi una cuestión de fe, nada puede convencer a aquellos que creen tener una estrategia –la independencia– ganadora en cualquier escenario. Así, algunos catalanes piensan que una vez Cataluña sea independiente, la UE no sólo no cumplirá sus amenazas de exclusión sino que se desvivirá por mantener a Cataluña, una región que representa menos del 1,3 % del PIB de la UE [10, 11].[6] Ante la eventualidad de que una Cataluña independiente quedase en cualquier caso fuera de la UE (aunque fuera por un tiempo) estos mismos ciudadanos afirman que, de hecho, a Cataluña le convendría más no estar en un club como la UE que permanecer en él, a semejanza de países como Suiza o Noruega. De manera que involuntaria-

---

[5]En este sentido conviene no olvidar un hecho que frecuentemente es pasado por alto: los catalanes somos europeos en tanto que somos ciudadanos españoles. Ahora mismo, si alguien deja de ser ciudadano español, porque así lo quiere, deja de tener derecho (a no ser que disponga de otra ciudadanía que se lo permita) a moverse libremente por la UE.

[6]Al menos hasta el momento, el caso de Grecia –con un PIB de una magnitud parecida al de Cataluña– es distinto, pues sus gobiernos nunca han considerado la salida de la zona Euro o de la UE como opciones factibles. Aun así, las presiones por parte de muchos países europeos para expulsar a Grecia de la zona Euro –por, según ellos, poner en peligro el proyecto de la UE– son indudables. Como innegable es la tendencia de las instituciones europeas a ignorar las decisiones refrendadas mediante el voto por los ciudadanos de países miembro de la UE –el referéndum griego sobre el tercer rescate es un ejemplo– cuando éstas no se alinean con sus políticas.

mente confunden la dirección de la causalidad entre dos hechos: ser un país rico y pequeño de Europa y estar fuera de la UE (o de la zona Euro).

A aquellos un poco más flexibles en sus apreciaciones políticas sí que les conviene examinar algunos ejemplos que indican que un proceso de independencia de Cataluña puede no ser tan buena idea, sobre todo si es unilateral. Un primer caso es la posibilidad de exclusión de organismos internacionales, que fue efectivamente real en el caso del Québec, al menos de acuerdo con un documento del gobierno de EEUU de la época de Clinton que se desclasificó recientemente [12]. Según este documento, si la independencia del Québec se producía sin el consentimiento de Canadá, el nuevo país se vería excluido de todos los acuerdos suscritos con EEUU, entre ellos el NAFTA. La UE también ofrece otros ejemplos de potenciales consecuencias negativas de la independencia de Cataluña. Ciertamente, los tratados de la UE son a veces papel mojado –como los límites de déficit o deuda impuestos por el Tratado de Maastricht, incumplidos por Francia y Alemania 14 veces hasta el 2011–, pero a veces no lo son [13]. En efecto, a pesar de ser votado en el Parlamento Europeo con 483 votos a favor frente a 141 en contra (y 34 abstenciones), el traslado de la Eurocámara de Estrasburgo a Bruselas por razones de ahorro y eficiencia cuenta, por el momento, con el bloqueo de Francia. La razón es que dicho traslado requiere de la reforma del Tratado de Lisboa, y dicha reforma debe ser aceptada por unanimidad de todos los países de la UE [14, 15]. Ello demuestra que, a pesar de que los intereses puramente económicos tienden a prevalecer muchas veces, obviar que existen instituciones (y leyes) y que éstas toman decisiones políticas (y no económicas) supone ignorar el funcionamiento real del mundo.[7]

---

[7]Para que las leyes democráticamente sancionadas sean efectivas, su aplicación no puede quedar al albur de aquellos a quienes perjudica. En caso contrario, se dice que existe un problema de *riesgo moral*.

Otro fenómeno político, tan real como el anterior pero aún más general, que acostumbra a ser negligido frecuentemente más allá del debate legal sobre las instituciones y leyes democráticas es la existencia y persistencia del *status quo*. Por ejemplo, muchos partidarios de la independencia de Cataluña se preguntan cuál es la razón (moral) por la que Cataluña, una nación según ellos, no debe poder constituirse como Estado, a semejanza de otras autoproclamadas naciones, como España o Francia.[8] *Ex ante*, es decir desde el punto de vista de alguien que viniera del espacio exterior junto con el resto de la humanidad a poblar la Tierra y a establecer todas las fronteras a la vez, no existe evidentemente ningún argumento que privilegie la existencia de España como Estado frente a la existencia de Cataluña como Estado. Sin embargo, no venimos del espacio exterior y la ruptura de simetría que supone el *status quo* –la existencia del Estado español– se produjo hace mucho tiempo. En todo el mundo, y muy en particular en España (y en Cataluña), el *status quo* en política tiende a prevalecer a lo largo del tiempo, al menos como regla general.[9]

La existencia de inercias no es un fenómeno únicamente político. En la naturaleza encontramos innumerables casos tanto de simetrías como de roturas de simetría que generan "inercias". De esto último dan fe, por ejemplo, los fenómenos cuánticos. Al margen de cualquier consideración sobre su justicia, ignorar –ya sea de manera interesada o de buena fe– la

---

[8]La idea según la cual, incluso o sobre todo en el caso en que las preferencias de los catalanes estén perfectamente polarizadas, Cataluña debe ser independiente para dar satisfacción a aquellos catalanes que sienten que llevan toda la vida sufriendo una condena –la de ser españoles– denota un concepción elemental y vengativa de la política. De un lado, elemental porque afortunadamente los ciudadanos españoles podemos tener –y expresarlo públicamente sin ninguna posibilidad de castigo legal– cualquier tipo de sentimiento respecto a nuestra relación con las naciones española y catalana. Reducir la política a un sentimiento de pertenencia –cuando es algo mucho más serio pues involucra, sobre todo, el progreso y la justicia de las sociedades democráticas– es una simplificación extremadamente burda. De otro lado, vengativa porque persigue poner a otros ciudadanos catalanes –los que se sienten españoles– una condena análoga a la que aquellos partidarios de la independencia dicen sufrir.

[9]En Cataluña un ejemplo paradigmático de la inercia del *status quo* es la ausencia de ley electoral propia.

existencia de algunas inercias en las sociedades humanas es uno de los rasgos fundamentales del argumentario favorable a la independencia de Cataluña.[10] De hecho, ¿no es precisamente el catalanismo, que se fundamenta básicamente en la Historia, el resultado de otra inercia? ¿Debe o no jugar el pasado un papel significativo en nuestras decisiones políticas? No estoy glosando las virtudes del conservadurismo. Éste, como demuestran instituciones como la Iglesia Católica, puede ser a veces dañino. Sin embargo, las inercias existen y no tenerlas en cuenta significa, una vez más, ignorar el funcionamiento real del mundo.

Como ya hemos visto en el Capítulo 1, las sociedades actuales dedican generalmente grandes cantidades de energía en preservar la estabilidad de las mismas, evitando que así degeneren en un estado caótico. Por ejemplo, la mayoría de los esfuerzos actuales contra el cambio climático se centra en evitar que el clima en la Tierra –que no es predecible a corto o medio plazo pero que se ha mantenido relativamente estable en los últimos siglos, con ello creando las condiciones necesarias para el progreso de las sociedades– se vuelva completamente inestable. Por otro lado, a pesar de los amplios conocimientos teóricos existentes sobre uniones monetarias y el sistema financiero, la UE no ha decidido (al menos hasta ahora) la expulsión de la zona Euro de Grecia, en parte por el miedo a que tal decisión fuera la espoleta que sumiese la economía de la UE en el caos. No debería sorprender a nadie, pues, si la UE también dedicase muchos esfuerzos a evitar la independencia de Cataluña, para así mantener el *status quo*.

La lista de riesgos asociados a la independencia de Cataluña es aún más extensa. Por un lado, los lazos comerciales entre Cataluña y el resto de España son muy intensos. La separación de países tiende a afectar de manera importante el comercio entre sus antiguas partes, incluso en casos

---

[10]Más adelante volveremos al papel que juega –y que debe jugar– el *status quo* en las democracias.

de separación amistosa como la antigua Checoslovaquia. Esta separación presenta, por cierto, algunos déficits democráticos, ya que fue decidida por las élites y no refrendada por los ciudadanos mediante su voto [202].

Por otro lado, los países se financian en los mercados financieros internacionales, que se comportan generalmente de forma muy cautelosa ante la incertidumbre.[11] Los países pequeños tienen menos posibilidades de diversificar su economía, siendo la diversificación –que lleva asociada un menor riesgo– la primera regla de cualquier buen inversor [17]. La política internacional es complicada y responde muchas veces a intereses que escapan a nuestro control. Los países reaccionan cuando sus intereses se ponen en peligro. Y los países grandes, como España a nivel europeo, tienen muchas armas para reaccionar ante situaciones que los perjudican.

¿Están algunos tan desesperados o se sienten tan ultrajados como para pensar, sin albergar ninguna duda, que cambiarlo todo es la mejor (la única) solución? ¿Y si sale, al menos a corto o medio plazo, mal? Por otro lado, para ser honestos intelectualmente, si realmente tan convencidos están algunos de que la independencia de Cataluña será buena para todos, ¿no valdría la pena que perdieran más tiempo en intentar convencer de ello a todos, incluido el resto de españoles?

---

[11] En el caso de Escocia, muchas empresas anunciaron que se mudarían a Londres en caso de resultar vencedora la independencia [16].

II Uno de los razonamientos más extendidos entre los detractores de la independencia de Cataluña y la celebración de un referéndum es que ambos no están amparados por la legalidad española. Aunque es indiscutible que la Constitución española (aprobada mayoritariamente por todos, catalanes incluidos) junto con las mayorías actuales (tanto en Barcelona como en Madrid) bloquean cualquier posibilidad de un referéndum acordado dentro del Estado de Derecho, también es cierto que, ahora mismo, existe una parte significativa de catalanes que no quieren seguir siendo españoles. Y es posible, aunque no seguro, que esta situación se prolongue en el tiempo. En situaciones parecidas, otros países como Canadá o el Reino Unido han decidido políticamente tratar el problema de forma distinta. ¿Por qué no podría España hacer lo mismo?

En este sentido conviene recordar en especial el caso de Canadá, sin duda un mejor referente para el caso español que el Reino Unido. La razón es que Canadá es un país con una Constitución y con una estructura federal más cercana a la española, si bien es cierto que con una tradición democrática mucho más larga que España.[12] Además, como en el caso de España, existe una provincia –Québec– con una lengua propia –el francés– que se suma a la lengua común de todo el país –el inglés.

Mediante un proceso deliberativo que culminó en la "Clarity Act", Canadá no reconoce el derecho de autodeterminación de sus provincias (regiones). Sí admite, no obstante, la posibilidad de solucionar el problema político derivado de las ansias de secesión de una provincia mediante un proceso que incluya un referéndum con una pregunta clara y que sea tutelado por las instituciones federales [19]. Es más, de acuerdo con la referida ley, Canadá concedería la secesión a una provincia, por ejemplo a Québec, sólo en el caso de mayorías extraordinarias y sólo después de

---

[12]Esta tradición democrática no impidió que, en los referéndums de Québec, surgieran muchos de los problemas que han aparecido en el caso de Cataluña [18].

ser negociada y aceptada por todas las partes implicadas, incluido el resto de provincias canadienses. Desde el punto de vista del proceso que se vive en Cataluña, la "Clarity Act" es muy relevante ya que, de existir en España, ofrecería una salida a la situación de atasco presente. La razón es que dicha ley obliga al gobierno federal a tomar la iniciativa política y a no mantenerse al margen, como así ha hecho el gobierno español hasta la fecha.

La decisión de Canadá de aprobar una ley *ad hoc* para tratar la posible secesión de Québec se produjo en 1999, después de la celebración de dos referéndums de independencia en los años 1980 y 1995, respectivamente. De la experiencia en aquellos referéndums dedujeron las autoridades canadienses la necesidad de una ley que regulase cómo deben comportarse las instituciones, tanto las federales como las provinciales, y que evitase, entre otros muchos problemas que surgieron en las dos primeras consultas, la confusión en la formulación de la pregunta de un referéndum, de ahí el nombre de la ley.

A pesar de no haber sido aplicada aún, la "Clarity Act" sí podría haber afectado ya, junto a otros factores, al menguante apoyo de los quebequenses a la independencia al exigir mayorías amplias y poner sobre la mesa la posibilidad de que la secesión sea divisible. I.e., que si Québec puede separarse de Canadá, entonces también partes de Québec pueden separarse de éste y permanecer en Canadá. Así, ¿se imaginan que, en un referéndum de autodeterminación en Cataluña, Barcelona y Tarragona decidiesen quedarse en España, mientras que Girona se viese obligada a independizarse junto a Lleida? Por supuesto, anticipando ese resultado, sería razonable esperar que el voto tanto de los gerundenses como de los ilerdenses cambiase, pues una Cataluña sin Barcelona no es igual de atractiva que una Cataluña con Barcelona. Es decir, es bastante posible que los resultados de un referéndum de autodeterminación en Cataluña fueran muy distintos si se preguntara "¿Quiere separarse de España?" o se preguntara "¿Quiere separarse de España sólo si Barcelona también acepta separarse de España?". Ello demuestra, por tanto, que hacer divisible el derecho a decidir no sólo es relevante desde el punto de vista teórico sino que puede tener un efecto muy significativo sobre el resultado de un referéndum de autodeterminación.[13]

Aunque no contemplada explícitamente por la jurisprudencia canadiense, existe la posibilidad de aceptar la divisibilidad del derecho de secesión, pero requerir que su aplicación recursiva sea en votaciones ulteriores. De nuevo, no se trata de una asunción inocente. Es bastante posible que ambas situaciones (una única votación frente a una serie de votaciones) no lleven al mismo resultado dado que, al margen de los costes fijos que supondría una larga serie de votaciones encadenadas, las personas tendemos a tener preferencias diferentes frente al riesgo en función del *status quo*. Así lo mostró en su momento Daniel Kahneman [214], premio Nobel de Economía en el 2002.

En resumen, el caso de Canadá, que es una de las excepciones a la regla –como indican los casos recientes de España (con Cataluña), Italia (con el Véneto) o EEUU (con Texas)–, supone en mi opinión la aproximación más elaborada al "problema de la secesión (en una democracia liberal)" de cuantas se han ensayado hasta ahora [20, 21]. Una aproximación mucho más elaborada, por ejemplo, que la ejecutada en el Reino Unido en relación con Escocia. En este último caso, el primer ministro David Cameron, seguramente movido por cálculos electoralistas, decidió por su cuenta y riesgo convocar un referéndum con el único objetivo de ganarlo. Y adquirir así cierto capital político. Un referéndum del que eliminó la

---

[13]Más adelante trataremos de nuevo la divisibilidad del derecho a decidir.

opción de mayor autonomía (que, de acuerdo con las encuestas, era el "Condorcet Winner" ante *status quo* e independencia) creyendo que *status quo* ganaría holgadamente ante independencia. Y un referéndum para el que Cameron fijó, todo parece indicar que de forma un tanto irreflexiva, el umbral de votos favorables a la independencia de Escocia en la mitad de los votos, cuando era él –y no Alex Salmond, el líder de los independentistas escoceses– quien tenía potestad para fijar las reglas [22]. En particular, podría haber fijado tal umbral a un valor mayor que el 50 % con el fin de garantizar la victoria del No a la independencia.

Ciertamente, el porcentaje de votos favorables a la independencia en el referéndum escocés podría haber sido distinto del que realmente fue si el umbral de voto requerido para proclamarla hubiera sido mayor que el 50 %. De un lado, tal porcentaje podría haber aumentado gracias a aquellos votantes que no querían la independencia pero que estaban dispuestos a votar estratégicamente, i.e. a usar su voto para presionar a Westminster. Esto último hubiera sido más factible con un porcentaje de votos favorables a la independencia tan alto como fuera posible, pero menor al umbral requerido. De otro lado, el número de votos favorable a la independencia podría haber disminuido de haber aumentado el umbral de votos requerido si, ante la perspectiva de la imposibilidad de alcanzar tal porcentaje de votos, la movilización de los partidarios de la independencia hubiera sido menos intensa. Todo lo anterior podría ocurrir en Cataluña ante cualquier forma de referéndum. Sin embargo, al ser el debate sobre la independencia de Cataluña tan sentimental –según la mayoría de observadores mucho más que en Escocia– es bastante posible que ambos efectos, por separado y sobre todo conjuntamente, no fueran extremadamente significativos en el caso catalán.[14]

---

[14]Más adelante volveremos a la discusión sobre la conveniencia o no de tener leyes que favorezcan el *status quo*.

III   Una parte significativa de las razones que frecuentemente arguyen los partidarios de la independencia de Cataluña se fundamenta en las (pretendidas) deficiencias de la Constitución española, cuando no en su mera existencia. Respecto a la Constitución española es habitual escuchar de la boca de muchos catalanes las siguientes críticas. Por un lado, la Constitución fue votada en el marco de un Estado democrático aún no consolidado. De manera que la decisión tomada en 1978 por la gran mayoría de los catalanes no reflejó las preferencias reales de éstos en ese momento sino que respondió al mal menor de aceptar una Constitución que evitase volver a tiempos pasados. Unas preferencias, sigue el argumento crítico, que serían favorables a la independencia o a mayores cotas de autogobierno que las previstas por la Carta Magna. Por otro lado, las constituciones (todas) pierden su vigencia con el tiempo, ya que con el transcurso de los años cada vez son más los ciudadanos que no la votaron.

Respecto al primer punto, y a la espera de algún estudio más profundo, conviene hacer algunos comentarios. En primer lugar, y a pesar de las muchas diferencias entre ambos casos, los vascos no apoyaron la Constitución en la misma medida que los catalanes. Esto indica que, quizás, hubiera sido posible una mayor contestación por parte de estos últimos. En segundo lugar, si las preferencias de los catalanes hubieran sido realmente proclives a la independencia de Cataluña, parece razonable esperar que se hubieran hecho patentes una vez la democracia española se estableció. Sin embargo, el independentismo se mantuvo como una opción muy minoritaria hasta hace unos pocos años.[15] ?En tercer lugar, que las condiciones en las que se redactó y aprobó en referéndum la Constitución en 1978 no fueran para nada las ideales –fundamentalmente por la

---

[15]En este sentido, conviene no pasar por alto el impacto que el infame régimen franquista pudo tener en las preferencias de los catalanes pues, ciertamente, el apoyo a tesis independentistas no era marginal antes de la Guerra Civil.

amenaza de los nostálgicos del franquismo, incluyendo a la abrumadora mayoría de militares– no es óbice para que, mediante enmiendas fruto del consenso y el simple paso del tiempo, ésta pudiera haberse convertido en un marco de referencia aceptado por todos. Aceptada también incluso por aquellos que, como AP/PP, no la avalaron tan fervientemente como ahora parecen defenderla, aunque muchas veces sea para instrumentalizarla con fines políticos. Así ha sucedido, por ejemplo, en EEUU. En efecto, a pesar de escribir *"We hold these truths to be self-evident, that all men are crea-ted equal..."* en la Declaración de Independencia (1776), cuya lectura por cierto recomiendo, algunos de los padres fundadores de la nación ame-ricana como Jefferson tenían esclavos [23]. ¡Qué condiciones tan poco democráticas a ojos de hoy día! Y, sin embargo, la Constitución america-na, aprobada poco después de la declaración de independencia, sigue aún vigente. En cuarto y último lugar, que durante la transición (y más allá) existieran indudables e incontables presiones de los militares no quiere decir que fructificaran en relación con la redacción de la Constitución. En este sentido, es de justicia mencionar que, lamentablemente, tales com-portamientos totalmente antidemocráticos sí tuvieron consecuencias en muchos otros aspectos de la vida pública y política de la época.

De hecho, parece fuera de toda duda que Adolfo Suárez traicionó y en-gañó por completo a los mandamases franquistas durante toda la tran-sición, redacción de la Constitución incluida [199]. De ahí, por ejemplo, el 23-F y otras intentonas golpistas, que es como los militares formados en el franquismo creían que se arreglaban las cosas. En concreto, en lo relativo a los derechos de las distintas nacionalidades (y en relación con muchos otros aspectos) la Constitución española es, a pesar de las quejas de algunos independentistas catalanes, perfectamente equiparable a otras constituciones de países con una mucho más larga tradición democrática que España. Es decir, no se puede afirmar, ni mucho menos rotundamente, que el ambiente predemocrático y lleno de lamentables incidentes en que se redactó la Constitución española convirtiera a ésta en un *rara avis* entre las constituciones de las democracias occidentales. Ello no quiere decir, como es evidente, que la arquitectura regional del Estado Español sea perfecta. Así lo indican las quejas sobre la misma, tan recurrentes y, a la vez, tan dispares. Pero si existen problemas, que parecen inevitables en un país tan heterogéneo como España, quizás se deberían buscar las razones por las que éstos existen, así como parte de las soluciones, más allá de la propia Constitución.

Respecto al segundo punto (la necesidad de tener una nueva Constitución cada cierto tiempo), parece razonable pensar que si se cree que un país debe tener una Constitución, que no es una ley cualquiera, sino la Ley de leyes que debe regular, entre otros, tanto los derechos fundamentales de los ciudadanos como los límites de los gobernantes, ésta tienda a ser estable. Así ha sucedido por ejemplo con la Constitución de EEUU. Ésta fue aprobada exactamente en 1789, y desde entonces no ha sido substituida por una nueva sino que, por el contrario, ha sido enmendada 27 veces, las dos últimas en 1971 y 1992, respectivamente. Algunas de estas enmiendas son tan importantes como la que derogó la esclavitud (la 13ª enmienda en 1865) o las que derogaron la discriminación del derecho de voto en función de la raza o religión (15ª enmienda en 1869) o sexo (19ª enmienda en 1919). Los beneficios de la estabilidad de las leyes fundamentales están ligados, entre otros factores, a la seguridad jurídica tanto para ciudadanos como empresas, elemento necesario (aunque no suficiente) para que un país sea justo y próspero.

IV   Es común oír entre los partidarios de la independencia de
Cataluña que los signos de los tiempos soplan en favor de la creación de
un Estado catalán. En concreto, dos hechos sustentarían esta hipótesis.
Por un lado, muchos son los países que se han creado en el mundo en
los últimos tiempos: actualmente existen 195 países reconocidos (y 9 no
reconocidos), mientras que en 1900 sólo existían 57 [24, 25]. Por otro
lado, España ha perdido a lo largo de su historia muchos territorios que
hoy están constituidos como países independientes. No obstante, estos
dos hechos son, por sí solos y conjuntamente, insuficientes a la hora de
sustentar la hipótesis anterior. Veamos por qué.

En primer lugar, no es cierto que en las democracias occidentales (muy)
establecidas la tendencia sea la creación de nuevos estados soberanos.
De hecho, una vez acabada la Segunda Guerra Mundial, la tendencia es
precisamente la contraria. Por un lado, los estados europeos más desarrollados –y con ellos las regiones que los componen– han ido cediendo
soberanía a entidades supranacionales, fundamentalmente la UE, repli-
cando hasta cierto punto, y con muchas salvedades, una parte del proceso
que llevó a algunos estados de la unión a disolver su soberanía para integrarse en EEUU.[16] Por otro lado, las regiones de países occidentales con
democracias firmemente establecidas que sí han podido decidir recientemente sobre su autodeterminación, como Québec –dos veces– o Escocia,
han declinado la creación de un nuevo Estado. Aunque en ningún lugar
está escrito que otros países deban seguir el mismo camino que Québec o

---

[16]Como se ha demostrado en la reciente crisis con Grecia, el proceso de integración
europeo es claramente incompleto: en una UE con economías tan dispares y con necesidades
tan distintas como la alemana o la española, para ser efectiva, una unión monetaria requiere
de una unión fiscal. Y ésta a su vez demanda una unión política. Por el momento, una
verdadera unión política similar a los EEUU cuenta con el freno de una parte significativa de
la ciudadanía europea –respaldada por partidos como FN en Francia o el UKIP en el Reino
Unido– que no quiere ceder soberanía. En 2013, por ejemplo, a la pregunta "¿Cómo se ve
usted en un futuro próximo?" los europeos respondieron: nacional y europeo (49 %), sólo
nacional (38 %), europeo y nacional (7 %) y sólo europeo (3 %) [26]. Aún queda camino
por recorrer.

Escocia, utilizar el argumento de que la creación de un Estado catalán se justifica sobre la base de experiencias recientes similares es falaz.[17]

En segundo lugar, es un hecho indiscutible que muchos países actuales pertenecieron en el pasado al Reino de España, que los conquistó en la mayoría de los casos mediante cruentas guerras. De igual manera, es verdad que ninguno de estos países ha solicitado formalmente reintegrarse en España. Sin embargo, es igualmente cierto que, excepto Holanda, ninguno de estos países es más rico –en PIB per cápita– que España, incluso en el marco de la actual crisis económica [28]. Es más, no sólo el flujo de inmigración a España desde sus excolonias es significativamente alto, sino que, por ejemplo, han aparecido recientemente algunas voces en Portugal, y algunas otras en España, que abogan por una unión entre ambos países [29]. Evidentemente, tanto en un sentido como en otro, debemos ser prudentes a la hora de establecer comparaciones entre la condición de colonias que mantuvieron algunos países latinoamericanos con España hasta finales del siglo XIX y el caso catalán. En efecto, aunque algunos no quieran admitirlo, no se dan en Cataluña las condiciones que harían de ésta una colonia de España: los catalanes gozan de plenos derechos de ciudadanía, entre ellos los que les garantizan libre acceso a los procesos políticos, mientras que los sistemas legales no han sido impuestos –aunque ahora no gocen de mucha popularidad han sido aprobados por los catalanes– ni, por supuesto, existen casos de esclavitud o genocidio [30].

En tercer y último lugar, y al margen de cualquier consideración sobre su justicia, el hecho de que Cataluña, a diferencia de Holanda, Portugal y

---

[17]No otra cosa distinta de la defensa de la unidad de los Estados Unidos fue, por cierto, la guerra civil americana. En palabras atribuidas a Abraham Lincoln: *"If there be those who would not save the Union unless they could at the same time destroy slavery, I do not agree with them. My paramount object in this struggle is to save the Union, and is not either to save or to destroy slavery,"* [27].

todas las excolonias de ultramar, siga siendo hoy en día una parte de España no carece de significación. Para entender por qué, imaginemos en un plano (de dos dimensiones) una carretera en forma de "∪" con una pelota "dentro". El sentido común –y la Física– nos indica que cuanto más altas sean las paredes de la carretera, con más energía deberemos empujar la pelota para que salte fuera de la "∪". Por el contrario, cuando la pelota se encuentra en el pico de una carretera en forma de "∩", un simple empujón, por pequeño que sea, hará que la pelota ruede hacia abajo, alejándose así de la carretera. Según la terminología física, en la primera situación nos encontramos ante un "equilibrio estable" mientras que en la segunda situación nos encontramos ante un "equilibrio inestable". Traducido a nuestro problema, está claro que la permanencia de Cataluña como CCAA española es, o ha sido hasta ahora, un equilibrio (muy) estable. En otras palabras, las paredes de la carretera "España" en forma de "∪" han sido suficientemente altas como para que la pelota "Cataluña" no las saltase, ni siquiera contando con las "grandes cantidades de energía" aportadas a lo largo de la historia por personas partidarias de la independencia.

Permítanme un comentario. A pesar de la tentación que quizás tendrá el lector perspicaz de hacer una analogía entre la carretera en forma de "∪" y una prisión de paredes altas que los catalanes deben franquear al modo de "L'Estaca" –gran canción, por cierto–, el ejemplo simplemente pretende ilustrar el concepto de equilibrio estable. En Física, existen muchos otros ejemplos de equilibrios estables, e.g. el estado de reposo de un muelle que, cuando es estirado de manera moderada, vuelve siempre a su sitio. En este caso, el mismo lector perspicaz podría pensar que la permanencia de Cataluña dentro de España se trata de un estado "natural". Mi intención no es interpretar la carretera en forma de "∪" de ninguna manera particular.

Más allá del imperio de la fuerza –que no impidió la independencia de las colonias americanas o de Portugal–, la estabilidad del equilibrio catalán dentro de España puede obedecer –o haber obedecido en el pasado– a una gran variedad de causas. Examinemos algunas.

Los vínculos familiares entre catalanes y el resto de españoles han sido y son nada desdeñables: en 2005, más de un tercio de los catalanes había nacido fuera de Cataluña, más de la mitad de ellos en el resto de España, especialmente en Andalucía [31]. No parece descartable que la independencia de Cataluña debilitase muchos de estos lazos, aunque algunos quieran obviar tal posibilidad. Es más, dado que las relaciones familiares –o incluso las de amistad– tienden a dificultar que las personas desvinculen sus destinos de aquellos a los están unidos, es natural que muchos catalanes se muestren reticentes a tomar una decisión política que, aunque los pudiera beneficiar personalmente, pudiera perjudicar a sus seres queridos. De hecho, dado que los ciudadanos catalanes –al menos los que pagan impuestos– contribuyen más que la media de los españoles a financiar el Estado español, si algo podemos tener por seguro sobre la independencia de Cataluña es que ésta perjudicaría en el corto plazo directamente a los ciudadanos de las regiones más pobres de España. Como por ejemplo a los andaluces, que son algunos de los que reciben los fondos de los ciudadanos de las regiones ricas, entre ellas Cataluña.[18] De manera que los vínculos familiares –que es lo que los emigrantes siguen manteniendo a pesar de dejar su lugar de origen– actúan al modo de una fuerza que contribuye a mantener unidos los distintos pueblos de España, en especial las regiones ricas con las pobres. Porque, y así ha ocurrido en el caso de Andalucía y Cataluña, la inmigración ocurre (casi) siempre en una dirección: de las regiones pobres a las ricas. De ahí, quizás, y pesar de la opinión actual de plataformas como Procés Constituent o de parti-

---

[18]Sí es cierto que, quizás, los fondos europeos podrían llegar a compensar una parte de la pérdida de fondos procedentes de los bolsillos de los catalanes.

dos políticos como las CUP o ICV, que los planteamientos clásicos de la
izquierda internacionalista no hayan puesto históricamente el énfasis en
las ideas nacionalistas, como sí han hecho tradicionalmente, tanto en el
caso de España entera como en el de Cataluña o el País Vasco los partidos
conservadores.[19]

La heterogeneidad de la población catalana tanto respecto al lugar de nacimiento como respecto a la lengua preferida –alrededor del 55 % de los
catalanes usa el castellano como primera opción lingüística, frente al 35 %
que usa el catalán– hace de Cataluña cualquier cosa menos una sociedad
homogénea capaz de moverse (casi) al unísono, como es quizás lo ideal
para declarar la independencia de un país [34]. Este carácter heterogéneo
de una sociedad catalana que está prácticamente libre de conflicto se manifiesta muy visiblemente en las preferencias sobre la independencia de
Cataluña, que son extremadamente distintas en función del lugar de nacimiento (propio o de los padres) y lengua habitual [35]. Ello se muestra
en los Cuadros 3.1–3.3.

	A favor	En contra	Otros
En Cataluña	54, 0 %	24, 4 %	21, 6 %
Fuera de Cataluña	14, 6 %	57, 5 %	27, 9 %

Cuadro 3.1: Las preferencias a favor/en contra de la independencia en
función del lugar de nacimiento (Fuente: Gesop, Marzo 2014).

Al margen de la correlación existente entre usos lingüísticos y origen de
los ciudadanos y más allá de los valores exactos del apoyo a la independencia, ciertamente variables en función de cómo se formulan las preguntas en las encuestas, las datos contenidos en los Cuadros 3.1–3.3 ponen
de relieve dos características fundamentales de la sociedad catalana. De

---

[19]La posición de algunos partidos de izquierda catalanes, en concreto ICV, parece haber
virado tras la irrupción de Podemos. En cualquier caso, ciertamente, a lo largo de la historia –fundamentalmente a partir del siglo XX– han existido movimientos independentistas
catalanes de izquierda, como los aglutinados alrededor de ERC [32].

	A favor	En contra	Otros
Ambos nacidos en Cataluña	70, 5 %	12, 3 %	17, 2 %
Uno nacido en Cataluña y otro fuera	53, 7 %	22, 4 %	23, 9 %
Ambos nacidos fuera de Cataluña	18, 4 %	53, 9 %	27, 6 %

Cuadro 3.2: Las preferencias a favor/en contra de la independencia en función del lugar de nacimiento de los padres (Fuente: Gesop, Marzo 2014).

	A favor	En contra	Otros
Catalán	68, 8 %	12, 2 %	19, 0 %
Ambas	36, 2 %	29, 8 %	34, 0 %
Castellano	15, 4 %	58, 0 %	26, 6 %

Cuadro 3.3: Las preferencias a favor/en contra de la independencia en función de la lengua habitual (Fuente: Gesop, Marzo 2014).

un lado, se trata de una sociedad dual, tanto a nivel político como a nivel lingüístico.[20] De hecho, incluso el crecimiento en los últimos años del anhelo por la independencia recae fundamentalmente en los catalanes cuya primera lengua es el catalán [36]. De otro lado, parece existir una tensión indudable entre inmigración e independencia. Así, es bastante razonable creer que mientras la sociedad catalana siga siendo –como lo ha sido hasta ahora– abierta y respetuosa para con los inmigrantes y éstos sigan emigrando a Cataluña, las posibilidades para la independencia serán muy reducidas. En resumen, el proyecto independentista no es tan transversal como querrían –o afirman querer– muchos de los impulsores del mismo, ya sea porque creen en la diversidad tan característica de Cataluña o, más prosaicamente, porque para proclamar la independencia necesitan los votos de algunos catalanes castellanoparlantes con origen fuera de Cataluña.

---

[20]Por supuesto, tal dualidad es una simplificación a causa, entre otras razones, de las últimas olas de inmigración. No debemos descartar por tanto que en un futuro a medio plazo la sociedad catalana se divida en tres grandes grupos, siendo uno de ellos el compuesto por los catalanes de origen magrebí. En cualquier caso, obviar hasta que existe por lo menos una dualidad no es una simplificación: supone ignorar por completo la naturaleza de Cataluña.

Permítanme un comentario. El impacto de la inmigración en los usos lingüísticos de un país no es un fenómeno que se dé únicamente en Cataluña,
como afirman muchos nacionalistas catalanes.[21] El Cuadro 3.4 contiene la
evolución de los usos lingüísticos para el caso de Suiza.[22] Datos parecidos
pueden encontrarse para la mayoría de países con economías abiertas al
mundo.

	1970	1980	1990	2000	2013
Alemán/Suizo alemán	66, 1 %	65, 5 %	64, 6 %	64, 1 %	63, 5 %
Francés	18, 4 %	18, 6 %	19, 5 %	20, 4 %	22, 5 %
Italiano	11, 0 %	9, 6 %	7, 7 %	6, 5 %	8, 1 %
Romanche	0, 8 %	0, 8 %	0, 6 %	0, 5 %	0, 5 %
Otras lenguas	3, 7 %	5, 5 %	7, 7 %	8,5 %	21,7 %

Cuadro 3.4: Usos lingüísticos de la población residente en Suiza (Fuente:
Swiss Federal Statistics Office) [37].

El equilibrio catalán dentro de España puede explicarse por otros factores
al margen de los ya apuntados. Por un lado, es posible que los deseos de
independencia de muchos catalanes –o simplemente su pericia– no hayan
sido, al menos hasta ahora, tan intensos como en otros lugares. De hecho, las élites catalanas, algunas de las cuales son ahora soberanistas, no
han sido en el pasado muy proclives a separarse de España, muy especialmente durante los tiempos de Franco [38]. Por otro lado, las propias decisiones democráticas de los catalanes en el pasado –fundamentalmente
la aprobación de la Constitución española, pero también la bendición a
la pertenencia de España en la UE mediante el voto a partidos políticos
favorables a ella–, han creado unas barreras legales difíciles de franquear

---

[21]No es inusual oír el argumento según el cual Cataluña sería ya un país independiente
–con una lengua "normal", el catalán– si no fuera por "culpa" de los inmigrantes venidos
durante el franquismo –la mayoría por su propio pie y en busca de una vida digna. Y seguramente es cierto. Aunque también es verdad que Cataluña no hubiera sido igual de próspera
ni Barcelona tan cosmopolita.

[22]El total excede el 100 % en 2013 porque los encuestados podían escoger más de una
lengua. Nótese que el suizo alemán es distinto del alemán, lengua de una parte significativa
de los que emigran a Suiza.

en la actualidad por parte de los independentistas. Para acabar, remontarse al 1714 en búsqueda de agravios, como hacen muchos nacionalistas catalanes, supone para muchos ciudadanos una mirada quizás demasiado remota. Por un lado, no hay países en la historia libres de agravios, por supuesto ni España ni Alemania o EEUU, por poner algunos ejemplos, aunque tampoco la Cataluña de Jaume I. Por otro lado, algunos de los países de nuestro entorno como Alemania o Italia –por cierto, con muchos episodios sangrientos en el siglo pasado de los que avergonzarse, a semejanza de España– ni siquiera existían a mediados del siglo XIX.

En cualquier caso, una de las características propias de los humanos es la memoria, capacidad que nos permite recordar el pasado y aprender de él. En consecuencia, podemos usar esta capacidad para evitar caer en el olvido de que, queramos o no cambiarlo, pensemos o no que es una situación justa, la permanencia de Cataluña como región española ha sido hasta ahora, y posiblemente lo siga siendo en el futuro, un equilibrio estable. Porque si no lo hacemos estaremos obviando el principio capturado en la primera ley de Newton (o ley de la inercia): *"Todo cuerpo persevera en su estado de reposo o movimiento uniforme y rectilíneo a no ser que sea obligado a cambiar su estado por fuerzas ejercidas sobre él"*. En cualquier caso, si queremos modificar el estatus de Cataluña, debemos ser conscientes de otra ley física, conocida como la "Ley de la conservación del momento lineal". De acuerdo con esta ley, a nadie se le ocurre saltar de un tren en marcha, al menos sin estar dispuesto a amortiguar el golpe con su cuerpo.

V   Otro argumento frecuentemente esgrimido por partidarios de la independencia de Cataluña para sustentar su objetivo político es la siguiente creencia: toda lengua (y con ella su cultura) que se precie debe tener un Estado que la defienda de su desaparición. ¿Debe toda comunidad lingüística aspirar en cualquier circunstancia a constituirse como Estado?

A lo largo de la historia ha habido muchos momentos en los que, basándose en visiones reduccionistas e ignorantes, las instituciones del Estado español han intentado demoler la riqueza cultural y lingüística de las distintas regiones españolas, con especial saña para con la muy abundante cultura en catalán. Ante tal "genocidio cultural" (y, muy desafortunadamente, no sólo cultural), la independencia de Cataluña podría haber sido una respuesta razonable. Sin embargo, en tales circunstancias no se dio nunca un apoyo masivo a las aspiraciones de algunos de constituir Cataluña en un país independiente. Sí se dio en cambio, y es un hecho sobresaliente, una defensa colectiva de una lengua –y de una cultura– como pocas veces se ha dado en la historia de la humanidad. Una defensa que, sobra decirlo, fue exitosa y que, a mi juicio, ningún español debería olvidar. Por otro lado, a día de hoy no puede mantenerse con un mínimo de seriedad que tal "genocidio cultural" continúe vigente, incluidas la llamada "Ley Wert" o el poco uso del catalán en los juzgados.[23] Como tampoco se puede defender razonablemente que exista una conspiración contra el castellano, incluida la inmersión lingüística en catalán en las escuelas o la preferencia de las instituciones del autogobierno catalán por dicha lengua.[24]

En efecto, el catalán es la lengua habitual en el Parlament de Catalunya y

---

[23]En 2012 el porcentaje de sentencias en catalán en Cataluña fue del 12,7 %, frente al 20 % del año 2005 [39].

[24]En Cataluña, el 100 % de la población adulta entiende el castellano, un 99,8 % lo sabe hablar y un 99,3 % lo sabe escribir [39].

en los medios públicos de comunicación catalanes, al margen de ser lengua (co)oficial en Cataluña. No se trata sólo de consideraciones legales: de acuerdo con el Informe de Política Lingüística de 2012 de la Generalitat de Catalunya, el número de hablantes del catalán había crecido en Cataluña en medio millón en comparación con el 2007, mientras que el uso de esta lengua en el ambiente de trabajo aumentó en más de 800.000 personas durante ese mismo periodo, entre otros muchos avances [39]. La Figura 3.1 nos permite tomar aún una mayor perspectiva.

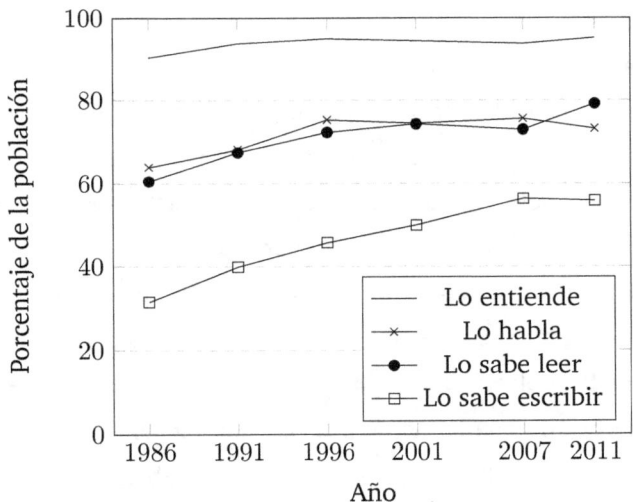

Figura 3.1: Conocimiento de la lengua catalana de la población catalana mayor de 2 años (Fuente: Idescat de 1986 a 2011).

Pese a que pueden inducir a ciertos errores de apreciación al incluir a los preescolares, los datos anteriores corroboran que existe una evolución positiva del conocimiento de la lengua catalana desde el establecimiento de la democracia.[25] Si desglosamos los datos por grupos de edad, la convergencia con el castellano en el medio plazo –en cuanto a conocimiento de

---

[25]Desconozco la razón por la que el citado informe presenta los datos de esta manera. Sin embargo, prefiero mostrar los datos tal y como lo hace la Generalitat de Catalunya, que no es sospechosa de anticatalanismo.

la lengua– se convierte en una hipótesis muy verosímil [40].

Años	Lo entiende	Lo sabe hablar	Lo sabe leer	Lo sabe escribir
2–9	95, 69 %	70, 32 %	54, 25 %	43, 18 %
10–19	98, 74 %	94, 87 %	96, 36 %	92, 31 %
20–29	95, 10 %	81, 41 %	86, 92 %	76, 71 %
30–39	95, 41 %	77, 01 %	85, 15 %	70, 15 %
40–49	95, 33 %	73, 11 %	83, 68 %	58, 78 %
>49	93, 75 %	63, 29 %	71, 85 %	33, 06 %

Cuadro 3.5: Conocimiento de catalán por grupo de edad (Fuente: Idescat, 2011).

De manera que proclamar que la independencia de Cataluña es la única posibilidad para la supervivencia de la lengua catalana se compadece poco con la realidad. A mi modo de ver, se trata simplemente de una estrategia política que pretende usar el interés por la pervivencia y salud de la lengua catalana –compartido por independentistas y no independentistas– en beneficio de aquéllos. Además, afirmar que en una sociedad tan heterogénea como la catalana –recordemos que poco más del 60 % de la población ha nacido en Cataluña– existen mejores políticas lingüísticas desde el punto de vista del catalán –¿cuáles?– que únicamente se podrían llevar a cabo en una Cataluña independiente es cuando menos aventurado. Me refiero, claro, a políticas dentro del Estado de Derecho que tuvieran en cuenta los intereses de la mayoría castellanohablante y que no persiguieran la hegemonía absoluta del catalán frente al castellano. Recordemos que a día de hoy la lengua vehicular en educación es el catalán –la "Ley Wert", a la que muy pocos alumnos se han acogido, fija en un máximo de 25 % el porcentaje de horas en castellano– y que existen numerosas subvenciones para la cultura y prensa en catalán, por poner algunos ejemplos.[26]

---

[26]La "Llei del cinema" del 2010, que obligaba a doblar al catalán al 50 %, recibió un dictamen negativo de la CE por favorecer al castellano, ya que excluía de su aplicación a las películas originales en dicha lengua [41, 42]. En 2014 se inició la reforma de dicha ley, cuyo principio general –favorecer al catalán– sí fue avalado por la CE [43].

Por otro lado, en el mundo existen actualmente más 7.000 lenguas, haciendo seguramente inviable la aspiración nacionalista de que a cada lengua le corresponda un Estado y viceversa [44]. Inviable por el gran número de lenguas en comparación con el número de Estados, pero inviable también porque en muchos casos –particularmente en Cataluña– las comunidades lingüísticas no son compartimientos estancos que se puedan dividir sin causar perjuicios a muchos de sus miembros. Incluso en las democracias más establecidas no se cumple la correspondencia entre lengua y Estado: existen países con más de una lengua oficial (Suiza, Bélgica o España) y existen países distintos que comparten lengua (Austria y Alemania). Es más, disponer de un Estado no es condición ni suficiente (ver el caso del gaélico en Irlanda) ni necesaria (ver el caso de Cataluña o el País Vasco) para que el uso de una lengua minoritaria prospere [45].

Para acabar, permítanme una pequeña digresión. A mi juicio, yerran completamente aquellos que intentan extender el uso de una lengua (ya sea el catalán o el castellano) a todos y cada uno de los ámbitos especializados, por no mencionar al ámbito privado.[27] Por ejemplo, la lengua predominante en la Ciencia es el inglés, de manera que existen dos opciones: o hacer ciencia en catalán o castellano al margen de la comunidad internacional, o aceptar que en ninguna de estas lenguas se vehiculará el conocimiento científico y tratar de hacer ciencia al mayor nivel posible, aspiración que sólo es factible dentro de la comunidad internacional. Por supuesto, ello no es óbice para que desde las instituciones públicas, las catalanas pero también las españolas, se tomen las medidas oportunas que garanticen un conocimiento amplio de ambas lenguas –muy particularmente del catalán– que permita mantener (y expandir) en el futuro el bagaje cultural actual, pues éste es un bien público a preservar.

---

[27]Algunos de aquellos que se enorgullecen de su cultura, la "catalana", y de los emigrantes catalanes que la preservan, sienten sin embargo cierta incomodidad cuando inmigrantes del resto del mundo mantienen en su vida privada sus costumbres –entre ellas su lengua– al emigrar a Cataluña.

VI Uno de los recientes mantras del independentismo catalán es decir que "tenim pressa", esto es, que no solamente debemos ser independientes, sino que debemos serlo ya, al margen de cualquier otra consideración. Las razones esgrimidas se resumen en dos. Por un lado, el sufrimiento económico de tanta gente debe terminar ya, y la única manera de hacerlo es la independencia. Por otro lado, la coyuntura actual es –¿era?– la idónea para maximizar el número de independentistas, quién sabe lo que pasará en el futuro si se acaban rompiendo los equilibrios de fuerza actuales tanto en España como en Cataluña, como así indican las recientes encuestas [46]. Esto último podría dar lugar a un nuevo equilibrio perdurable en el que la independencia volviera a ser una opción muy minoritaria, como así era antes de 2010.

Obviando algunos perjuicios que la independencia de Cataluña podría acarrear en el bienestar de sus ciudadanos a corto plazo, ¿tiene sentido reclamar que se precipiten los acontecimientos a la máxima velocidad posible? ¿Qué nos dice la naturaleza sobre los procesos que suceden demasiado rápido?

De la Física sabemos que los cristales son sólidos y que sus átomos ocupan unas posiciones muy bien definidas en el espacio, dando lugar a lo que se llama la red cristalina. En esta red existe un orden determinado en la distribución tridimensional atómica. Para conseguir este orden, así sucede con los diamantes, la naturaleza se toma su tiempo. De esta manera se evitan errores. Por el contrario, cuando el anterior proceso ocurre de forma brusca, así sucede en el caso de los vidrios, no existe perfección cristalina y se dice que el sólido formado es un amorfo. Los amorfos como los vidrios pueden tener propiedades interesantes, pero tienen un gran defecto: poseen un número muy elevado de imperfecciones y defectos que los hacen muy frágiles. En otras palabras, el proceso de alcanzar la perfección –la simetría– se consigue en el caso de los cristales sólo cuando los cambios ocurren de forma lenta. De hecho, no solamente la naturaleza ha comprendido que las prisas son un enemigo de la perfección. Los poetas, los científicos, los artistas, los arquitectos, los diseñadores, en general todos aquellos que quieren crear algo que perdure, son plenamente conscientes de ello.

Traducido a nuestro problema, y al margen de cualquier consideración respecto a su validez democrática o a su factibilidad, una independencia "exprés" podría llevar a Cataluña a un estado frágil y endeble que nos llevase probablemente a otro equilibrio distinto del de un Estado catalán independiente. Es decir, aquellos que realmente aspiran a un Estado catalán duradero por los siglos de lo siglos deberían, quizás, tener ciertos reparos en que la independencia se consiga ahora de manera inmediata sea como sea, pues cabe la posibilidad de que consiguieran su objetivo en el corto plazo, sí, pero a cambio de que fuera efímero.[28]

En efecto, una independencia de Cataluña alcanzada muy rápidamente llevaría asociada los siguientes problemas potenciales. En primer lugar, la construcción de las llamadas "estructures d'Estat", como la hacienda catalana, no puede llevarse a cabo de un día para otro. Un funcionamiento deficiente de los fundamentos de un Estado, muy probables en el caso de Cataluña si la independencia se hace rápidamente y a espaldas de la legalidad española –que como es natural permite el bloqueo de algunas de estas iniciativas– puede llevar a un colapso de aquél.

Una alta velocidad del proceso, más propia de ciclos electorales normales, puede ser además interpretada como una prueba de la reversibilidad de la independencia de Cataluña, una decisión en principio más trascenden-

---

[28]Por todos son conocidos otros intentos (a todas luces demasiado apresurados desde el punto del objetivo que decían perseguir) como el de Lluís Companys en 1934, cuando proclamó el "Estat Català".

tal y que, como tal, debería ocurrir con menos frecuencia. Así, si debemos tomarnos la (posibilidad de la) independencia como una opción política más, ¿qué impide que Cataluña volviera a unirse a España si las opiniones de los catalanes cambiasen en poco tiempo tras la independencia, a semejanza de lo que sucede con la mayoría de las (reversibles) decisiones políticas? Como veremos más adelante, los cambios continuos de estado no son a priori deseables desde el punto de vista de la eficiencia.

Por otro lado, es un hecho indiscutible que, ahora mismo, muchos ciudadanos creen que el origen de todos los males que acechan a los catalanes radica en el hecho de pertenecer a España. Plantear la necesidad de un Estado independiente en estos términos puede convertirse en un arma de doble filo. En efecto, es factible pensar que aunque España será siempre para algunos de estos ciudadanos el chivo expiatorio, en una eventual Cataluña independiente otros muchos ciudadanos encontrarían el origen de todos los males contemporáneos –que seguro habría y que, probablemente, mayores serían cuanto más rápido hubiera ido todo– en la propia independencia de Cataluña. En particular, es esperable que los responsables políticos de la independencia se convirtieran en los principales sospechosos si el nuevo Estado catalán no resultase ser tan próspero como ahora mismo prometen. De manera que los que hoy no son partidarios de la independencia tendrían la vía expedita para hacerse con el poder y, quizás, imponer en la agenda política la (re)unión con España. Como demuestran los recientes acontecimientos tanto en España como en Cataluña, parece que a muchos ciudadanos les gustan las marcas electorales nuevas, sin pasado. Estemos de acuerdo o no con ellos, los partidarios de la independencia –que están muy movilizados actualmente– no podrán presentar tales credenciales tras la consecución de ésta. O por lo menos no lo podrán hacer de manera creíble, pues serán ellos los principales responsables de la situación política y económica de Cataluña.

En cualquier caso, si tan convencidos están algunos políticos de la factibilidad de sus promesas, les propongo la siguiente opción: que pongan su
fortuna personal en un depósito a recuperar sólo si se cumplen sus promesas, ya sean éstas la reducción del paro, un aumento en la esperanza
de vida, la reducción de los accidentes de tráfico o, de manera singular,
que una Cataluña independiente no quedará fuera de la UE, hechos todos
ellos fácilmente cuantificables y verificables. Aunque la misma sugeren-
cia puede extenderse a cualquier político, independentista o no, es bueno
saber que, en el caso de decisiones excepcionales, aquellos que persiguen
una agenda rupturista disponen de herramientas también excepcionales
que, de ahí su potencial utilidad, no pueden ser coartadas por nadie pues
son perfectamente legales.

Por cierto, es una tendencia común, y ciertamente muy humana, sobre
todo en situaciones frenéticas, experimentar episodios de depresión tras
episodios de éxtasis, como los que, seguro, vivirían algunos catalanes en
el caso de que Cataluña se convirtiera en un nuevo país.[29] El éxito de
la mayoría de las religiones que prometen el cielo tras la muerte, quizás
también del catalanismo de CiU hasta hace un par de años, radica en
la imposibilidad de comprobar que tal cielo existe. ¿Serán capaces algunos catalanes independentistas, una vez conseguido el "cielo de la independencia", de mantener la hiperactividad actual y dirigirla a mejorar de
manera efectiva el bienestar de todos los catalanes, como afirman ahora
mismo querer hacer?

En último lugar, dada la nula predisposición del gobierno actual del PP
–y seguramente del gobierno que le suceda, sea del partido que sea– a

---

[29]En el caso de la independencia de Lituania, por ejemplo, existen opiniones que apuntan
a un aumento de las depresiones tras comprobar que la independencia no era el cielo prometido. Ciertamente, y sin querer establecer ninguna relación causal, la tasa oficial de suicidios
en Lituania subió súbitamente tras su independencia, para lentamente bajar a continuación
[47].

plantearse ningún tipo de consulta sobre el futuro de Cataluña, declarar la independencia de ésta en el futuro más próximo implica necesariamente desacatar la legalidad española. ¿Qué valor tendría para los ciudadanos, especialmente para los que no son partidarios de la independencia, el respeto a la ley –al menos inicialmente– en un Estado catalán creado precisamente contraviniendo la ley? ¿Cómo se haría cumplir la nueva ley catalana, por ejemplo la relativa al pago de impuestos? ¿Mediante el uso o amenaza de la fuerza? Al margen de mostrar el techo actual del independentismo, el 9-N también mostró otro tope: el del número actual de ciudadanos catalanes dispuestos a ir contra la legalidad española, que es claramente insuficiente para declarar unilateralmente la independencia.[30]

---

[30]En el 9-N participaron un total de 2.305.290 personas [48].

VII En el mundo existen países pequeños que son exitosos y otros que no lo son, así como países grandes que son exitosos y otros que no [194]. Caerían en un error, por tanto, aquellos que intentasen deducir el grado de éxito (o de fracaso) que tendría una Cataluña independiente basándose únicamente en su tamaño. Por un lado, como apuntan algunas teorías económicas, la reducción en las barreras del comercio internacional favorece en principio la viabilidad de los países pequeños. Una viabilidad –o grado de éxito– que también se ve incrementada por la ausencia de amenazas militares creíbles.[31] Por otro lado, los países actuales tienden a pertenecer a entidades supranacionales, imponiendo así unos costes fijos iniciales que dificultan la secesión de sus regiones. Es más, en un mundo globalizado como el actual, los problemas de muchos países (y de sus regiones) son comunes. Y las soluciones, muchas veces compartidas. De manera que tanto la estructura (federal o centralizada) de los Estados actuales como la manera en que éstos se integran en las organizaciones internacionales (UE, OTAN, ONU, OMC, etc), puede llegar a ser mucho más determinante en el desempeño de los países que el tamaño de éstos. Y todo ello tanto desde un punto de vista de eficiencia económica como desde el punto de vista de satisfacción de sus ciudadanos respecto al grado en que sienten que las decisiones gubernamentales responden a sus intereses.

Con respecto a las dificultades económicas que se viven actualmente en la UE (y en la zona Euro), algunas voces sugieren que las unidades relevantes para determinar quién está pagando el mayor precio de la crisis –y quién se está beneficiando de ella– no son los países (o sus regiones), sino los distintos sectores de la economía y con ellos sus trabajadores [50]. De acuerdo con esta visión, los ganadores de la crisis habrían sido las élites

---

[31]Existen otros factores que favorecen la viabilidad de los países pequeños. Ver por ejemplo [49].

financieras (alemanas, españolas o catalanas) y los perdedores habrían sido los trabajadores (alemanes, españoles o catalanes). Aunque ello es cierto en gran medida, a nivel político en la UE siguen siendo los países los que toman la mayoría de las decisiones fundamentales. Es decir, las unidades relevantes para tomar decisiones no coinciden con las unidades relevantes para analizar el impacto de algunas de estas decisiones. Una opción para acabar con esta dicotomía es clara y, quizás, como ya se ha dicho, ineludible en el largo plazo: fundir los países de la UE en los "Estados Unidos de Europa" al tiempo que se genera entre todos los ciudadanos del nuevo Estado un mayor sentimiento de pertenencia común [51]. Es decir, exactamente lo contrario del objetivo de aquellos que persiguen la independencia de Cataluña.

De hecho, reducir el debate sobre el futuro de Cataluña a una decisión binaria –independencia sí o no– puede no ser la manera más adecuada de encontrar la fórmula que traiga más bienestar a sus ciudadanos. Al margen de las posibles consecuencias en el comercio, la independencia total de Cataluña conllevaría adquirir responsabilidades sobre todas y cada una de las decisiones que afectan a los catalanes: educación y fiscalidad, pero también lucha contra la inmigración ilegal o contra el cambio climático. Ahora mismo, tanto la Generalitat de Catalunya como los ayuntamientos catalanes toman muchas decisiones que afectan al bienestar de sus ciudadanos. Muchas otras las toma el gobierno español (que, conviene no olvidar, lo es también de los catalanes), y otras muchas se toman a nivel europeo. En el marco actual, un gobierno catalán hábil podría tratar, una vez superada la crisis, de obtener capacidad de decisión en aquellas materias en las que puede hacerlo mejor que otras administraciones, dejando al margen aquellas otras en las que lo haría peor. Es decir, el marco actual permite que los gobernantes catalanes no deban tomar una decisión binaria que afecte por igual a todas las responsabilidades gubernamentales.

Porque, aunque es indudable que vivimos tiempos de creciente integración, sobre todo dentro de la UE y a pesar de las reacciones electorales en
algunos de estos países a raíz de la crisis, debemos ser conscientes de que
no existe un principio general –centralismo o descentralización– que sea
el "mejor" en cualquier circunstancia. Ello es así a pesar de que muchos
analistas y políticos se resistan a admitirlo por razones puramente ideológicas. Veamos algunos pocos ejemplos que demuestran la ausencia de
este principio general.

Por un lado, es sabido que la lucha contra el cambio climático para preservar un bien público –la Tierra– sólo puede llevarse a cabo eficientemente
mediante la máxima centralización posible, ya que en ausencia de ésta los
países tienden a contaminar demasiado. En terminología de ciencia económica, este comportamiento se acostumbra a llamar "free-riding". Otro
ejemplo, quizás menos conocido, de consecuencias inesperadas de la descentralización lo encontramos en Australia. En dicho país, la capacidad de
sus distintos estados para determinar el impuesto de sucesiones llevó a la
desaparición de éste en todos ellos y a la subsiguiente pérdida de ingresos
públicos. Una competición de impuestos *á la Bertrand* –esto es, a la baja–
que también se da en Suiza. En este último país, tal competición afecta
a prácticamente todos los impuestos, a consecuencia de la autonomía y
responsabilidad fiscales de las que disponen cantones y ciudades [52]. De
hecho, es largamente conocida la tensión entre federalismo fiscal y autonomía fiscal: mientras que el primero previene las pérdidas asociadas a
la movilidad del factor (e.g. el capital) sobre el que se aplica el impuesto, el segundo no implica la armonización, generalmente ineficiente, de
los niveles de impuestos en todas las regiones [207]. De entre los países
desarrollados, unos apuestan más decididamente por el federalismo fiscal (España, Francia o Alemania) mientras que otros apuestan en mayor
medida por la autonomía fiscal (Suiza o EEUU).

El caso helvético demuestra que, a pesar de que muchos nacionalistas españoles acostumbran a identificar –a menudo con fines políticos– las preferencias independentistas con los preferencias por una mayor autonomía fiscal, ambas son en general de una naturaleza distinta, sobre todo si existe lealtad entre las distintas instituciones políticas. En el caso de Cataluña, tal diferencia no sólo existe a nivel teórico, sino también a nivel práctico. En efecto, si bien es verdad que el independentismo catalán iza frecuentemente la bandera de una mayor (total) autonomía fiscal, también es cierto que estas preferencias son compartidas por muchos catalanes no independentistas [53]. De hecho, otra muestra, ésta en España, de que una mayor autonomía fiscal es perfectamente compatible con el principio de lealtad constitucional la encontramos en Navarra.[32]

Por otro lado, puede llegar a ser beneficioso (para todos) compatibilizar la creciente unión entre países y regiones con una cierta descentralización, al menos en algunas decisiones. Es una posibilidad y no deberíamos desecharla porque sí, sobre todo en situaciones sin economías de escala, en países heterogéneos desde el punto de vista lingüístico y cultural o en casos en los que la distribución geográfica de preferencias individuales sea heterogénea. En concreto, existen dimensiones políticas en las que actualmente el ciudadano mediano de Cataluña tiene preferencias distintas del ciudadano mediano del resto de España, como por ejemplo en las preferencias sobre la centralización/descentralización óptima del Estado (español) [54]. También es cierto que en muchas otras dimensiones políticas las preferencias del ciudadano mediano catalán son mucho más parecidas a las del ciudadano mediano español que a las del ciudadano mediano de los países ricos de la UE. Así sucede por ejemplo en el caso de las preferencias respecto al individualismo frente al colectivismo [55]. Cataluña también se parece mucho al resto de España en los niveles de

---

[32]Más adelante hablaremos del caso de las comunidades forales.

corrupción y en el rendimiento escolar de los estudiantes [56, 57].

Para acabar, asumamos por un momento que la creación de un Estado catalán independiente del resto de España se fundamenta solamente en la necesidad de acomodar las distintas preferencias políticas de los catalanes. Por ejemplo, así se arguyó de manera muy acusada en la campaña en favor de la independencia de Escocia. Entonces deberíamos deducir la conveniencia de situar el hipotético nuevo país fuera de la UE, pues los catalanes tampoco se parecen en muchos aspectos al resto de europeos.

VIII   Es indiscutible que el nacionalismo catalán es uno de los motores de las reivindicaciones independentistas. A mi juicio, y pesar de que no siempre es el más reconocido, se trata del más poderoso y, sobre todo, del más indispensable. Ciertamente, de acuerdo con ciertos estudios el peso del sentimiento identitario en el apoyo al independentismo es menor que otros factores como el deseo por autogestionarse o el sentimiento de incomprensión.[33] Sin embargo, no todo es tan sencillo como estos y otros estudios sugieren, debido por lo menos a dos razones. Por un lado, muchos nacionalistas (catalanes, pero también españoles) se resisten a aceptar, al menos en público, que sus convicciones políticas concuerdan con las tesis nacionalistas herderianas: la nación catalana (o española) es anterior a cualquier construcción política y está dotada de unas características propias, por ejemplo la lengua o la historia, cuyos ciudadanos deben ante todo preservar. Como es sabido, el nacionalismo es una ideología muy presente en Europa tanto en la actualidad como en el pasado, con funestas consecuencias en muchos casos a lo largo de la historia. De manera que resulta comprensible la referida resistencia que algunos muestran a admitir su ideología. Por otro lado, las encuestas no acostumbran a estar pensadas para elicitar la verdadera intensidad del sentimiento nacionalista. La razón es que no cuesta ningún esfuerzo –en terminología de ciencia económica, es *cheap talk*– afirmarse no nacionalista y, sin embargo, comportarse como tal tanto como consumidor (por ejemplo comprando productos locales por el simple hecho de ser locales) como a nivel electoral y político.

En concreto, es curioso que el citado afán de autogestión se detenga en muchos independentistas catalanes (al menos en lo referente a sus quejas públicas) a nivel autonómico. Y que, por tanto, no haya también muchos

---

[33]Ver, por ejemplo, el Barómetro del CEO, enero de 2013. Por cierto, estos mismos estudios muestran que, en cambio, el peso relativo del sentimiento identitario es mayor en los contrarios a la independencia de Cataluña.

independentistas que pidan que se vacíe de poder no solamente al gobierno central en España, sino también a la Generalitat de Catalunya o, más en general, a todos los poderes públicos. Nótese que este anhelo por autogestionarse, en tanto que principio general, es incompatible desde el punto de vista lógico con el deseo de pertenecer a una UE en la que se tomen muchas decisiones en Bruselas. De manera que lo que algunos piden en esencia es que las decisiones que afecten a los catalanes no se tomen en Madrid, tanto da luego si se toman en Bruselas, Barcelona o en cada uno de los municipios catalanes. Porque los suizos, por poner un ejemplo recurrente, sí tienen este anhelo de gestionarse a sí mismos, de ahí la estructura extremadamente descentralizada del país. Una descentralización que, como ya hemos comentado, no se detiene a nivel cantonal (autonómico).[34] De hecho, en muchos aspectos dicha descentralización rebasa el límite de lo público para dejar muchas decisiones en manos de los ciudadanos. Por ejemplo, en algunos cantones suizos la baja paternal es de dos días. Esto obliga a los padres a decidir por sí mismos como armonizar la planificación familiar y el trabajo. En cualquier caso, y al margen del peso real del sentimiento nacionalista en el apoyo a las tesis soberanistas, a mi juicio el independentismo se ha hecho fuerte en Cataluña en los últimos tiempos alrededor de unas pocas ideas. Analicémoslas.

El primer elemento sobre el que gravita actualmente la fortaleza del independentismo catalán es una lengua catalana que, objetivamente, diferencia a los catalanes de gran parte del resto de españoles.[35] En efecto, la lengua catalana ha servido de aglutinante para que muchos catalanoparlantes, no todos, se sientan distintos del resto de españoles y unos pocos incluso de sus propios abuelos, simplemente por tener la suerte de haber

---

[34]Conviene remarcar que dicha descentralización no afecta a la soberanía.

[35]A la hora de comparar a los catalanes con el resto de españoles existen muchas otras dimensiones a tener en cuenta al margen de la lengua. Por ejemplo un seguidor del Barça de Vic puede parecerse más a un seguidor toledano del mismo equipo que a un seguidor del Madrid oriundo de Manresa.

nacido en un lugar con dos lenguas muy mayoritarias en lugar de una. A semejanza de otros nacionalismos y en su búsqueda de elementos que permitan diferenciar a los catalanes del resto de sus conciudadanos, el nacionalismo catalán –y con él, el independentismo catalán– ha edificado alrededor de la lengua catalana algunos de sus axiomas más importantes.[36]

Axiomas como el de "L'Escola en Català": excepto unas pocas horas a la semana, los alumnos deben estudiar en la escuela únicamente en catalán. Ello, en principio, con el objetivo doble (y noble) de garantizar que todos los niños catalanes dominen la lengua catalana a la perfección y, además, de corregir los efectos nocivos de todas las persecuciones que el catalán (y sus hablantes) ha sufrido a lo largo de la historia. Sin embargo, la defensa incondicional de esta decisión eminentemente pedagógica –la inmersión de los estudiantes en catalán– no tiene nada que ver con los dos anteriores objetivos. Ni tampoco guarda relación con el derecho de los alumnos a recibir una educación lingüística que no les impida, una vez sean adultos, dejar de progresar socialmente por razones lingüísticas: como es sabido, los inmigrantes acostumbran a tener una renta más baja y a hablar el catalán de manera menos fluida, pudiendo todo ello repercutir potencialmente en sus posibilidades futuras de ascensión social. No olvidemos que José Montilla, que llegó a President de la Generalitat de Catalunya a través de un pacto entre partidos y no porque lo votaran la mayoría de los catalanes, tuvo que soportar continuas chanzas por no expresarse correctamente en catalán, incluso de parte de otros políticos [58]. La defensa incondicional de "L'Escola en Català" como un pilar fundamental en Cataluña –a semejanza de como algunos usan la Constitución en España– sí tiene que ver, y mucho, con el uso político de las "instituciones" que nos

---

[36]Curiosamente, también el nacionalismo español ha edificado alrededor del catalán algunos de sus axiomas, como el que afirma que el castellano debe primar sobre el catalán en toda España, también en Cataluña.

pertenecen a todos, en este caso la lengua catalana. Sobran ejemplos en la Historia de como el poder ha influido en la educación en función de intereses espúreos, sin ir más lejos el exministro Wert recientemente en España, como ya se ha comentado. O en Francia, donde podría haber una razón inconfesable que explicara (quizás sólo parcialmente) la instauración de la educación universal en el siglo XIX: la necesidad de soldados dispuestos a morir por la "Republique".[37]

Las conocidas declaraciones de Wert –*"Nuestro interés es españolizar a los niños catalanes."* [59]– son una muestra de las intenciones, ilegítimas, que muestran ciertos políticos de querer interferir en la esfera privada de los ciudadanos. En relación con la lengua catalana, existen empeños igualmente ilegítimos por parte de los poderes públicos catalanes basados en la premisa de que una lengua determina la manera de ser y de ver el mundo de sus hablantes. Una parte significativa del nacionalismo catalán tiene tal convicción, de ahí su interés en identificar su cosmovisión con la lengua catalana y en hacer de ésta el pilar de la educación. Por ejemplo, en palabras de la consellera d'Ensenyament de la Generalitat de Catalunya: *"Solo mediante la escolarización podremos realmente catalanizar, hacer miembros de pleno derecho, tener sentido de pertenencia a nuestro país, a los hijos de los que han venido de fuera. [...] La escuela pública funde diferentes grupos étnicos en un solo pueblo; cuando lo podamos mirar a cierta distancia, quedaremos admirados y orgullosos del trabajo hecho. [El ejemplo más evidente es] cómo catalanizamos el sistema educativo. [...] Si Cataluña es como es, siendo una nación sin Estado, y mantiene su lengua, cultura e idiosincrasia, es gracias al hecho de que siempre ha creído en la escuela, y de generación en generación nos hemos traspasado lo que está implícito en la educación, que es traspasar la tradición y generar la historia."* [60].

---

[37]Aquellos que equiparan la situación del castellano actualmente en Cataluña con la situación del catalán durante el franquismo no solamente demuestran un desprecio por la privación de libertades que supuso la dictadura de Franco. También demuestran ignorar el valor del consenso en democracia.

Curiosamente, se acostumbra a desconocer que otros países con situaciones lingüísticas actualmente parecidas a la catalana en algunos aspectos –aunque muy distintas en otros– han adoptado decisiones diferentes, sin perjuicio del conocimiento de las lenguas afectadas. Dos ejemplos: en la escuelas de la parte alemana de Suiza se estudia en alemán, pese a que la lengua propia es el suizo-alemán; en Luxemburgo, a pesar de que la lengua propia es el luxemburgués, los estudiantes son "sumergidos" en alemán en la escuela primaria y en francés en la escuela secundaria.[38] Este último caso demuestra que, a pesar de lo que afirman algunos defensores del *status quo lingüístico* en Cataluña, la inmersión en dos lenguas y la no segregación de los estudiantes son principios compatibles siempre que no se requiera su cumplimiento simultáneo.

De lo anterior no se deduce obligatoriamente la necesidad de cambiar el sistema educativo en Cataluña. Por el contrario, los cambios importantes en los sistemas educativos deben requerir amplios consensos y no deben ser exploratorios, sino que deben garantizar tanto como sea posible que redundarán en una mejora. En mi opinión, estas condiciones no se dan actualmente en Cataluña en relación con las propuestas de cambio reclamadas desde ciertos sectores minoritarios. En juego está el derecho de los niños a recibir la mejor educación posible.

En este sentido, es de justicia señalar que, desde el punto de vista lingüístico, los casos de la Comunidad Valenciana y las Islas Baleares son mucho más parecidos al caso catalán que los casos de Suiza o Luxemburgo. La razón es que las tres regiones españolas pertenecen a un mismo Estado, de manera que están sometidas al mismo marco legal. Además, ambas lenguas –castellano y catalán– conviven en todas ellas en intensi-

---

[38] En Québec, a pesar de que las clases en la escuela son en francés, la inmersión en esta lengua no es obligatoria por ley, sino que es una decisión que aparece de manera endógena gracias a las preferencias de los quebequenses [61].

dades comparables. Las decisiones políticas, democráticamente validadas, de los dirigentes valencianos y baleares, frecuentemente reactivas contra el nacionalismo catalán, han llevado a estas dos CCAA, sobre todo a la Comunidad Valenciana, a alejarse del modelo de inmersión en lengua catalana de Cataluña tanto como fuera posible. Sin embargo, lo han hecho arrojando unos resultados mucho más pobres que Cataluña en relación con la capacidad de los alumnos de ser bilingües, poniendo en duda la necesidad de virar el modelo catalán en el sentido valenciano o balear, como así reclaman algunos [62].[39] De hecho, se puede haber dado la paradoja de que el nacionalismo catalán, en su afán expansionista y mediante la identificación que ha hecho de sí mismo con la lengua catalana, haya conseguido debilitar el crecimiento de esta última fuera de Cataluña.

Los ejemplos de Suiza y Luxemburgo sí permiten afirmar, sin embargo, que es erróneo considerar el modelo educativo catalán (público) actual como el único válido para defender una lengua minoritaria en relación con otra lengua más mayoritaria. Incluso en Cataluña encontramos contraejemplos a esa creencia: en muchas escuelas privadas, entre ellas algunas escuelas elitistas en las que no se estudia ni en castellano ni en catalán, la política lingüística no tiene nada que ver con la inmersión en catalán legalmente obligatoria para las escuelas públicas, que son a las que asisten en general los alumnos de las clases sociales más humildes. Esta dualidad en el sistema escolar, amparada por las decisiones de los políticos catalanes, menoscaba la virtud de "L'Escola en Català" en tanto que pretendido principio fundamental de la sociedad catalana y, para muchos, de la nación catalana. La razón es que, de acuerdo con la ley catalana, su aplicación resulta depender de criterios no lingüísticos: los alumnos "ricos" capaces de pagarse una escuela privada pueden escoger

---

[39]Evidentemente, en un Estado de Derecho las resoluciones judiciales, en particular las que afectan a los derechos lingüísticos de los alumnos, se deben cumplir. Sin embargo, el gobierno español –además del catalán– tiene la posibilidad de potenciar políticamente el modelo de inmersión, en lugar de luchar contra él para su beneficio electoral.

–mejor dicho, sus padres pueden escoger por ellos– si quieren o no inmersión en catalán, mientras que los alumnos "pobres" –y sus padres– no pueden hacer tal elección.[40]

En resumen, dadas las incontables prohibiciones del catalán que se han sucedido a lo largo de la historia, dada la fortaleza del castellano en el mundo entero, dada la asimetría del conocimiento de la lengua catalana en función de la renta, dada la poca eficacia de las políticas lingüísticas en Valencia y las Baleares y dada la amplitud de la cultura en lengua catalana, parece difícil negar que la inmersión en catalán sea la mejor opción por defecto, externalidades políticas al margen. Al menos, así lo creo yo. De hecho, lo mismo afirman la práctica totalidad de los ciudadanos catalanes, independientemente de su lengua materna y adscripción ideológica [65, 66]. Dicho esto, creo también que debería poder argumentarse el porqué de esta política lingüística más allá de la tautología: "la lengua de Cataluña es solamente el catalán y la educación en la escuela debe hacerse en la lengua de cada país", dicen algunos. Sólo así se podrá conseguir que la política lingüística en Cataluña no sea una pieza del juego politico que enfrenta a los nacionalismos español y catalán. Es más, llegado el caso también se debería poder adaptar la regulación de la inmersión lingüística, como así sucede frecuentemente en la práctica a pesar de las leyes al respecto. Quizás así aumentaría el conocimiento –que no necesariamente el uso, en una sociedad libre esa es una decisión que corresponde a cada ciudadano– de ambas lenguas.[41] A pesar de ciertas bondades de la inmersión lingüística, la capacidad individual de ser

---

[40]No conviene pasar por alto que la ONU considera clave que los escolares sean educados en su lengua materna [63]. Si bien no es éste el único parámetro a tener en cuenta en el momento de diseñar una política lingüística, obviarlo por completo no me parece la mejor idea. De igual manera, ignorar los beneficios potenciales que el bilingüismo conlleva es una decisión que perjudica los intereses de los alumnos [64]. En cualquier caso, el diseño de un sistema escolar ideal para Cataluña escapa por completo a las pretensiones del presente libro.

[41]El no cumplimiento a rajatabla de la inmersión lingüística parece ser de importancia capital para algunas asociaciones: [67].

bilingüe dista en Cataluña de ser perfecta.[42] Así, ¿alguien puede defender que, en materia lingüística, las necesidades de un estudiante en Girona son en media las mismas que las de un estudiante en el Baix Llobregat? Por cierto, ya que hablamos de derechos lingüísticos, nunca he entendido que aquellos que defienden el derecho a estudiar en castellano en Cataluña no reclamen a su vez, en justa reciprocidad, el derecho a estudiar en catalán (o en vasco o en gallego) en el resto de España.[43]

El segundo ingrediente necesario para explicar la fortaleza y vitalidad de las que disfrutan el nacionalismo y el independentismo catalanes hoy en día es la Historia. En efecto, una interpretación mitológica de la misma, desconocida en realidad para la gran mayoría de catalanes, ha servido para que muchos de ellos crean en la idea de una Arcadia feliz –estado natural del pueblo catalán– a la que debemos volver mediante la independencia. Y, al tiempo, esta interpretación ha servido también para que otros muchos catalanes desarrollen una personalidad política victimista sustentada, según reza el credo nacionalista catalán, en 300 años de opresión.

Que los detalles de la Historia sean desconocidos por la mayoría de los ciudadanos no significa en general que los grandes hitos de la Historia conocidos por todos, así como sus causas, tengan que ser falsos. En el caso de Cataluña, de la ignorancia generalizada sobre quién fue exactamente Rafael de Casanova no se deduce necesariamente que Cataluña no fuera conquistada por España en 1714; ello se deduce, en todo caso, de una aproximación científica al problema. Además, es un hecho probado que muchas sociedades tienen mecanismos de transferencia intergeneracional del conocimiento mediante las cuales se transmite una recomendación aunque a veces no la causa que la originó.

---

[42]De hecho, no está ni siquiera claro que el conocimiento del castellano en Cataluña sea igual que en el resto de España [68].

[43]Por ejemplo, se podría dar esa opción en todas las capitales de provincia.

Por ejemplo, no es descartable que la prohibición de comer cerdo en las sociedades musulmanas pudiera haber obedecido originariamente – ya fuera por decisión divina o humana, esa es otra cuestión– a razones de salud pública [69]. En Cataluña, por poner otro ejemplo, hay actualmente muchos catalanes que son (y han sido siempre) independentistas porque se han formado como personas en la convicción legítima de que no son españoles, posiblemente porque sienten que éstos últimos no han querido nunca el bien de los catalanes.[44] O, quizás, porque creen equivocadamente que las relaciones entre Cataluña y el resto de España se pueden reducir a un juego de suma cero: es decir, todo lo que gana Cataluña lo pierde España y viceversa, como así sucede en la Liga con el Barça y el Madrid.

Probablemente, la creencia de estos catalanes (o la de otros catalanes antes que ellos) se engendró en algún momento a consecuencia de ciertas crueldades hechas en el nombre de España.[45] Brutalidades recurrentes en el tiempo y veraces, sí, aunque quizás interpretadas de forma un tanto sesgada, pues no solamente los catalanes han sufrido a lo largo de los tiempos la ira e impiedad de quienes las ejercían en nombre de España. Por ejemplo, aunque hay cierta variabilidad en los datos, las provincias catalanas no se encuentran (al menos no destacadamente) entre las regiones españolas en las que hubo un mayor número absoluto de muertes a manos de los sublevados durante la Guerra Civil. Por supuesto, nada más lejos de mi intención que relativizar ninguna atrocidad: una sola muerte ya me parece demasiado. En cualquier caso, es posible que de estos (y de otros anteriores y posteriores) episodios alguien empezara a deducir, qui-

---

[44]Por cierto, aunque generalmente invisibles –por ejemplo en las encuestas en las que se pregunta por los sentimientos nacionales de pertenencia–, existen ciudadanos catalanes que no se sienten ni catalanes ni españoles, algunos de ellos porque están hartos de tener que escoger.

[45]Conviene recordar que no es hasta el siglo XIX cuando los nacionalismos empiezan a ser relevantes desde el punto de visto de la política y del poder.

zás de buena fe, la necesidad de transmitir a las generaciones catalanas futuras el sentimiento de desconfianza contra los españoles, por el bien de aquéllas. De la misma manera, es también muy cierto, existen en el resto de España muchas personas que creen que, aunque Cataluña pertenece a España, los catalanes no son en realidad verdaderos españoles.[46] Es posible que tal animadversión contra los catalanes se iniciara en algún momento también debido a ciertos episodios reales, aunque seguramente muy distorsionados. No consigo imaginar una razón, más allá del desprecio por la diversidad o el miedo a ésta, por la que tal antipatía pudo ser razonable en el pasado.

En mi opinión y creo que en la de la inmensa mayoría de los ciudadanos españoles y catalanes, existen ciertos episodios de la Historia que debemos tratar no caigan nunca en el olvido para así evitar que se repitan. Entre ellos, sin duda, el Holocausto o el fascismo en sus diversas variantes, particularmente el franquismo en el caso de España. Sin embargo, existen al menos dos grandes problemas cuando las opciones políticas – que no los principios fundamentales de las sociedades– se sustentan en gran medida en la Historia.

Por un lado, el desconocimiento de los detalles históricos facilita el éxito del revisionismo, fenómeno cuya potencial peligrosidad es ampliamente conocida. De este fenómeno existen varios ejemplos recientes, tanto a nivel español como catalán [70, 71]. De hecho, el revisionismo en tanto que manipulación de la realidad no afecta únicamente a la explicación del pasado, pues concierne también a nuestra visión sobre la actualidad. Por ejemplo, no solamente el 42 % de los norteamericanos cree en el creacionismo, debido al influjo que ejerce la religión en muchos de ellos; durante la guerra de Irak, era mucho más probable para un espectador de Fox

---

[46]Más adelante volveremos al "anticatalanismo".

News que para un espectador de otros medios creer que Sadam Hussein estaba detrás del 9/11 o que las armas de destrucción masiva habían sido encontradas [215]. A pesar de que es fácil caer en la tentación de pensar que los norteamericanos son un caso aparte, debemos ser conscientes de que el sesgo en los medios de comunicación en España es de los más altos entre los países desarrollados [198].

Por otro lado, algunas de las causas que dieron lugar a ciertas recomendaciones eran necesarias en el pasado, pero ya no lo son en el presente, como por ejemplo la amenaza que la ingesta de carne de cerdo podría acarrear a los musulmanes en relación con su salud. De ello no sigue, por supuesto, que los musulmanes deban comer carne de cerdo o que los independentistas catalanes deban dejar de serlo: muchas personas creen en la importancia de la tradiciones y/o en el origen trascendental de las mismas. Nada más lejos de mi intención, por tanto, que subestimar estas creencias o minusvalorar el valor de la tradición ni el papel relevante que ésta ocupa frecuentemente en la formación de las identidades colectivas y en la cohesión de las sociedades.

En cualquier caso, la opción política victimista de muchos nacionalistas catalanes, que es personal e intelectualmente muy cómoda, tiene un cierto defecto, pues exonera a los que así piensan de cualquier responsabilidad como ciudadanos al atribuir por defecto a otros (en este caso a los "españoles") todos los males que los asolan. Además y sobre todo, los exime del esfuerzo de proponer soluciones a disfunciones concretas, algunas derivadas, es cierto, de una visión demasiado centralista (aunque frecuentemente no conspirativa) de muchos políticos y altos funcionarios gubernamentales. Una tendencia victimista muy similar, por cierto, a la de aquellos que culpan a los "catalanes" de todas las inestabilidades que ocurren en España.

El victimismo como actitud política no puede entenderse sin la necesidad, muy humana, de encontrar una explicación a todo lo que nos sucede. En el caso del "victimista político", todo se explica por una confabulación de "los otros", ya sean éstos los catalanes, los españoles, los políticos o los banqueros; nunca es nuestra culpa [72]. Veamos dos ejemplos de cómo un "victimista político" tiene una explicación para todo.

Por un lado, ante los recurrentes casos de corrupción que se suceden últimamente en Cataluña, el "victimista independentista" tiene actualmente dos opciones: si el número de casos es mayor que en el resto de España, ello sólo puede obedecer a una persecución judicial basada en fines políticos; si, por el contrario, el número de casos es menor que en el resto de España, ello prueba que los catalanes somos menos corruptos que el resto de españoles. En ambos casos, de acuerdo con el "victimista independentista", la solución es clara: hay que optar por la independencia de Cataluña. Por otro lado, ante el reparto de los costes asociados con las políticas de austeridad de los últimos tiempos, el "victimista españolista" tiene dos opciones: si Cataluña es más deficitaria que la media de las CCAA, es porque sus gobernantes (y aquellos que los votan) son unos irresponsables que sólo se preocupan por conseguir la independencia; si, por el contrario, Cataluña es menos deficitaria que la media de las CCAA y pone ello de relieve, entonces los catalanes son unos egoístas que no se preocupan por el resto de españoles. En ambos casos, de acuerdo con el "victimista españolista", la solución es clara: hay que desmantelar el Estado de las Autonomías.

La fortaleza del independentismo catalán se explica también por un tercer factor. Existe un entramado de intereses cuyo fin es elevar al nivel de categoría cualquier anécdota que pueda ser interpretada como una afrenta a los catalanes, para así ahondar en la cohesión de éstos en "un sol poble"

–¿les suena?–, siendo esto último un objetivo declarado de la Assemblea Nacional Catalana (ANC).[47] Un eslogan, el de "un sol poble", que suele venderse como sinónimo de cohesión social y no de uniformidad, a pesar de poner el énfasis en la cultura y no en, por ejemplo, la desigualdad de la renta/riqueza, aspecto este último muy relevante para la cohesión de una sociedad.

Por supuesto, tal entramado no iba a desperdiciar una oportunidad única y en absoluto anecdótica: la sentencia del Tribunal Constitucional (TC) sobre el Estatut de Autonomia de Catalunya. El proceso que se inició para garantizar la constitución del primer gobierno tripartito (PSC-ERC-ICV) y que acabó en aquella sentencia fue muy largo y estuvo lleno de incidentes propiciados por la miopía (legítima, pero miopía al fin y al cabo) de prácticamente todos los partidos involucrados (PSC, PSOE, CiU y, fundamentalmente, PP).[48] Junto al desconocimiento generalizado por parte de los ciudadanos y de muchos políticos tanto de los procedimientos legales como de la sentencia en sí, el proceso de aprobación del Estatut de Catalunya ha sido y es sin duda un caramelo muy apetitoso, especialmente en un contexto de crisis como el actual, para aquellos que marcan la agenda del independentismo.

En cuarto y último lugar, para entender el auge reciente tanto del nacionalismo catalán como del independentismo debemos ser conscientes del predicamento con el que cuenta entre parte de la población catalana la idea de que los catalanes sólo debemos plantearnos ser solidarios con el

---

[47] Para entender el problema de elevar anécdotas al nivel de categoría recomiendo, a modo de ejemplo, ver los siguientes vídeos: [73] o [74]. O leer la siguiente noticias: [75]. Para ver ejemplos de anticatalanismo, que los hay, y en grandes cantidades, recomiendo ver el programa de TV3 llamado "APM: Alguna pregunta més".

[48] Sin duda, la existencia de un recurso previo de inconstitucionalidad hubiera podido evitar la incongruencia democrática, legal pero incongruencia al fin, de que la última palabra la tuviera el Tribunal Constitucional y no los catalanes. Sin embargo, no es descartable que en el ánimo de algunos partidos –contrarios y favorables a la independencia– estuviera la posibilidad de que se diera este "choque de legitimidades", para así beneficiarse electoralmente.

resto de españoles una vez hayamos sido solidarios con nosotros mismos. Esta percepción ha fomentado el egoísmo fiscal y resquebrajado, junto al desprecio por la legalidad cuando ésta no nos conviene, la esencia misma de lo que es un Estado [76]. Nótese que entre las funciones principales de un Estado se encuentra la de recoger coactivamente los impuestos y tratar de redistribuir la riqueza de manera que las oportunidades sean iguales para todos.[49]

Es bueno recordar que la solidaridad pecuniaria voluntaria (no forzada) se ha llamado históricamente caridad y que ésta por definición nada tiene que ver con la idea de un Estado. En cualquier caso, puede resultar aparentemente contradictorio que en Cataluña, lugar en el que una aplastante mayoría de ciudadanos se autoproclama de izquierdas, haya tanta gente partidaria de que o bien no exista solidaridad interterritorial (los independentistas) o bien de que ésta sea voluntaria (los partidarios del pacto fiscal) [77]. Porque claro que puede ser atractiva, e incluso a veces justa y eficiente, no digo que no, la idea de quedarnos con lo que "es nuestro", a semejanza de aquellos ricos que propugnan bajos niveles de impuestos para quedarse con una mayor parte de su riqueza. Pero no es una idea de izquierdas, en tanto que atañe al principio de redistribución de la riqueza.

La explicación más razonable a esta aparente incoherencia es simple. En Cataluña se da actualmente una identificación, ciertamente falaz, entre ser de izquierdas y ser favorable a las mayores cotas de autogobierno posibles, eventualmente la independencia. Y todo ello por oposición a otra identificación fraudulenta, la que iguala "derecha" y "españolismo" [77]. Sin embargo, tanto "izquierda" como "derecha" son simples etiquetas. En Cataluña existen en realidad dos dimensiones políticas relevantes ortogo-

---

[49]A ello volveremos más adelante.

nales, siendo una de ellas la capturada en otras partes de España o del resto de Europa bajo las etiquetas "izquierda" y "derecha".[50] A pesar de los deseos de algunos partidarios de la independencia, al menos uno de cada tres votantes catalanes afirma que votará en las elecciones del 27-S en función de su posicionamiento ideológico en esta última dimensión y no en función de su "posicionamiento nacional" [78]. Es más, sólo uno de cada cinco catalanes cree que las elecciones del 27-S serán plebiscitarias [79]. Indudablemente, el carácter plebiscitario de unas elecciones sólo se puede dar si tal carácter es "common knowledge" entre la inmensa mayoría de la población.

Por todos es sabido que las ideas nacionalistas, tan opuestas a aquellas que propugnan el mantenimiento o el incremento de la igualdad de oportunidades de todos los ciudadanos, han generado a lo largo de la historia mucho sufrimiento, al hipotecar el valor (o los derechos) del individuo en aras de un bien superior, (el derecho de) la nación [80]. En España tenemos un ejemplo de lo pernicioso que puede llegar a ser el nacionalismo, en concreto el español, muy dado también por cierto a crear enemigos (imaginarios) exteriores por doquier. Unos enemigos, los de todos los nacionalismos, a los que se dibuja frecuentemente como se desea que sean (simples y perversos) y no como realmente son (mucho más complejos y no tan perversos). Así, mientras que muchos nacionalistas españoles tienden a retratar una Cataluña llena de inquisidores lingüísticos, muchos nacionalistas catalanes creen que todos los españoles eran en su momen-

---

[50]Existen otras actitudes que se engloban bajo el término "izquierda" al margen de las relacionadas con el principio de redistribución de la riqueza, de raíz marxista. Etimológicamente, parece que el término procede de la posición de determinados diputados en ciertos Parlamentos: algunos apuntan a la Cámara de los Comunes en Inglaterra, otros a la Francia del antiguo régimen, los más a la Asamblea Nacional francesa constituida en 1789. En este último caso, por ejemplo, los diputados que se sentaron a la izquierda del presidente eran jacobinos, los que se sentaron a la derecha eran girondinos, mientras que el resto se sentó en el centro. Los jacobinos –herederos de algunas ideas de Rousseau– propugnaban que la soberanía debía recaer en el pueblo entero y no en una parte de éste. Su ideología se podía resumir brevemente mediante las palabras "Libertad" e "Igualdad". Agradezco a Dídac Macià estos ejemplos.

to telespectadores de "El gato al agua" y que no existen, contra lo que algunas encuestas afirman, partidarios de una reforma federal de España.

El nacionalismo español, con una larga y muy negra historia a sus espaldas –mucho más negra sin duda que el nacionalismo catalán–, ha tendido a mostrarse normalmente altivo e intransigente y desdeñoso para con la diversidad, ya sea religiosa, ideológica o lingüística. Además, cuenta con su propio entramado de medios, imagen especular de los medios catalanes al servicio del nacionalismo catalán. Es decir, el nacionalismo español sigue existiendo, no cabe duda. Sin embargo, apenas está presente públicamente en Cataluña, por lo menos si lo comparamos con el vigor que allí exhibe el omnipresente nacionalismo catalán.

Al margen del potencial peligro de que ciertos acontecimientos propicien el resurgir de las peores pulsiones del nacionalismo español, puede causar cierta sorpresa que muchos independentistas catalanes de nuevo cuño fundamenten su transformación ideológica en una reacción a un, según ellos, inquisitorial nacionalismo español, del que sin duda existen muestras hoy en día, que aplasta su dignidad y que no "els deixa ser" [81]. Unos ejemplos que se unen a la larga ristra de ofensas de épocas anteriores. Sin embargo, estos mismos ciudadanos miran para otro lado ante la animosidad del nacionalismo catalán, que es el hegemónico en Cataluña desde hace unas décadas, y de cuyo carácter a veces agresivo también existen actualmente muestras [82]. Esta actitud es perfectamente comprensible en aquellos que fueron educados durante el franquismo: indiscutiblemente, el régimen de Franco y sus adláteres fueron durante casi cuatro décadas el único enemigo de la libertad al atentar contra todos y cada uno de los derechos fundamentales de los ciudadanos españoles, catalanes incluidos. Sin embargo, aquellos que hemos sido educados en democracia no hemos tenido que soportar la humillación de tener que rendir pleitesía a Franco en la escuela, entre muchas otras barbaridades que nuestros padres (en Cataluña y en el resto de España) sí tuvieron que sufrir.

Admitiendo la necesidad (moral y social) de no olvidar nunca las atrocidades del franquismo, es curioso que la rebeldía tan cara a los jóvenes no se haya dirigido en muchos casos contra el *status quo* actual y sí contra el *status quo* del pasado, siendo además ambas rebeldías perfectamente compatibles. Basta con ser contrario a cualquier nacionalismo. Es más, aunque aún existan filofranquistas, que los hay, es indiscutible que el PP –y con él los intereses que este partido representa– ha variado su posición desde que se fundó. Quizás, es cierto, lo ha hecho con el único fin de adaptarse a una ciudadanía española mucho más tolerante y abierta, y así estar en disposición de ganar elecciones [84]. En efecto, a pesar de la enorme indignidad que supone negarse a condenar el franquismo, el PP como partido acepta ahora mismo el divorcio, el Estado de las Autonomías o el matrimonio homosexual.[51] En el fondo, en muchos casos poner hoy en día en Cataluña la lupa sobre el nacionalismo español (y no sobre el catalán) simplemente sirve de coartada para justificar el impulso primario de pertenencia grupal que todos –algunos más que otros– anidamos dentro de nosotros. Así, mientras que algunos han entendido –gracias al ejemplo del nacionalismo español– la potencial peligrosidad que se esconde dentro de todo nacionalismo (español, catalán, francés o sueco), otros simplemente han preferido ignorar tales enseñanzas dejándose llevar legítimamente por sus impulsos.

De hecho, el nacionalismo es (casi) siempre expansivo y tiende a ocupar esferas que pertenecen a todos, nacionalistas y no nacionalistas, de ahí

---

[51] El partido VOX, que no acepta muchos de estos preceptos, coleccionó un rotundo fracaso en las últimas elecciones europeas y municipales, manifestándose como un movimiento completamente marginal. La infame reforma contra el aborto pretendida por el ministro Gallardón tuvo que ser retirada al ser contraria a la opinión extremadamente mayoritaria de todos los españoles, votantes del PP incluidos.

parte de su peligrosidad. Por ejemplo, después del largo proceso que ha conducido a la desaparición de símbolos católicos de los espacios públicos que nos pertenecen a todos, muchos nacionalistas catalanes entienden en cambio que es absolutamente normal que un ayuntamiento exhiba una bandera *estelada*, una bandera que solamente representa a una parte de los habitantes de la localidad, los independentistas, por muy mayoritaria que esta parte pueda llegar a ser en algunas localidades [85]. Es más, muchos de estos nacionalistas catalanes no parecen tener ningún problema en, por poner otro ejemplo, apropiarse del Barça y tratar de identificarlo con sus opiniones políticas. Es absolutamente legítimo ser nacionalista catalán o español, pero también es posible serlo y a la vez mostrarse cuidadoso con las opiniones de los demás.

Sin lugar a dudas, es difícil aunque no imposible ser independentista sin ser (al menos un poco) nacionalista catalán. ¿Por qué, si no, es Cataluña (y no Barcelona o Girona) para muchos de los que se declaran independentistas pero no nacionalistas la unidad relevante para declarar la independencia y conseguir, así afirman, un mundo mejor en el que vivan ellos y sus hijos? ¿Por qué, si no, sitúan muchos de estos ciudadanos la independencia de Cataluña por encima de cualquier otra consideración política? ¿Únicamente por oportunismo político, aprovechando que existen muchos otros que desean la independencia y sí son nacionalistas catalanes?

A mi juicio, con el fin de evitar aceptar que se es nacionalista algunos ciudadanos catalanes tienden a exagerar hasta el paroxismo las deficiencias del Estado español de manera que la única opción posible sea, así creen, declararse independentista. Como ya he dicho, ser nacionalista y/o independentista es, faltaría más, una opción perfectamente legítima, pero no es bajo ningún concepto la única opción política compatible con la democracia. De hecho, es ostensiblemente falso que la independencia sea el único camino posible para mejorar el bienestar de los catalanes. Es una posibilidad, no cabe duda, aunque sea muy incierta, pero la pretensión de convertirla en la única posibilidad sólo puede responder a una cierta inmadurez democrática. Una falta de madurez (o de pensamiento independiente) que exime a algunos ciudadanos de la responsabilidad de decidir por sí mismos, pues son las circunstancias y no su propia voluntad las que los obligan a optar por la independencia de Cataluña.

De la cierta vergüenza que algunos sienten asociada al hecho de declararse nacionalista cuando se está en soledad, y no fundido en el magma colectivo, da fe la idea, totalmente equivocada, según la cual todos somos nacionalistas, de manera que simplemente nos queda escoger nación. Que posiblemente una gran parte del mundo sea (a veces inconscientemente) nacionalista no es óbice para que existan personas que no lo sean y que prefieran que existan cuantas menos fronteras mejor, al no dar valor a un hecho, el lugar donde nacemos, que escapa a nuestro control.

Una precisión. Declararse no nacionalista no significa ignorar que, efectivamente, existen países (y fronteras) que determinan de manera injusta las posibilidades de las personas en la vida en función del lugar de nacimiento. A veces incluso por unos solos quilómetros, como por ejemplo los que separan África de Europa. Pero es precisamente el carácter injusto de tal arbitrariedad lo que algunos quieren combatir. Y, ciertamente, crear nuevas fronteras no parece ser, al menos a priori, la mejor manera de combatir tal injusticia. De hecho, la disyuntiva entre independentismo e unionismo es tal solamente si se restringen las opciones a dos: estar a favor de un Europa constituida en un país único permite estar a la vez en contra del unionismo (de España) y del independentismo (de Cataluña). Más en general, desde un punto de vista moral se puede aspirar a que no existan países (los internacionalistas como John Lennon, con su inolvidable *Imagine*), se puede querer que como mal menor no aumente con el tiempo sino que disminuya el número de países (el objetivo a largo plazo de aquellos que idearon la UE) o se puede querer aumentar, al menos de manera temporal, el número de países (como los independentistas).

A pesar de los ímprobos esfuerzos por endulzarlo, lo que pretende en puridad una gran parte de los impulsores del independentismo catalán es poner una barrera (física, fiscal y sentimental) que separe a Cataluña del resto de España, de manera que se deslinde completamente, al menos desde un punto de vista legal, el futuro de los catalanes del resto de sus actuales conciudadanos. Una barrera suficientemente importante para muchos independentistas como para convertirla en su "leitmotiv". No se trata, al menos fundamentalmente, de una demanda racional sobre cómo deberían ser los derechos y responsabilidades o sobre cómo se deberían repartir de una manera más justa los costes y beneficios, no sólo a nivel regional sino también a nivel local e, incluso, individual. Se trata ante todo, dicen muchos independentistas, de recuperar la dignidad perdida –y de paso el poder– de la única manera que creen posible: mediante la independencia.[52] Fundar en democracia una reivindicación política solamente en base a unos (pretendidos o reales) sentimientos de agravio, que por cierto no son solamente patrimonio de los independentistas catalanes, no me parece la mejor idea [87]. Por ejemplo, ¿debería el Estado español ceder al chantaje de aquellos que consideran que los catalanes son unos aprovechados y, en consecuencia, desmantelar las instituciones de autogobierno catalanas o, por el contrario, deberían todas las instituciones españolas tratar de desmontar tales falacias y, de paso, fomentar el respeto al bien común?

---

[52]Curiosamente, algunos de los que se sienten ofendidos cada vez que alguien califica a un independentista de "nazionalista" no dudan en usar expresiones como "Espanyistán" o "Escanya" o disfrutan silbando (legítimamente) el himno español. Y viceversa.

En cualquier caso, el hecho de que el nacionalismo exista –en diferentes intensidades– en todas partes, también en democracias liberales, muestra que es un fenómeno que aparece en equilibrio de manera endógena en todas las sociedades y que, consecuentemente, pretender su erradicación absoluta es una quimera pues conlleva obviar la naturaleza humana. Es más, es posible que un cierto nivel de nacionalismo sea el "pegamento" necesario para mantener unido a todo país o comunidad.[53] Que sea ése, pues, el precio a pagar. Sobre todo si, a cambio, el nacionalismo queda relegado a la misma esfera que la religión. Me refiero a la esfera privada, claro.

A lo largo de este punto he usado el término "nacionalismo" –tanto para el nacionalismo catalán como para el nacionalismo español– en tanto que derivado de la idea de "nación indentitaria" [88]. Para el nacionalista identitario, la nación trasciende a sus propios habitantes: se trata de una entidad que existe por sí misma. Los integrantes de una nación identitaria tienen una consciencia colectiva común derivada de compartir ciertos rasgos como lengua, religión, raza o historia. Ello facilita en principio la solidaridad y el afecto mutuo entre ellos, atributos que desaparecen en gran medida en relación con los integrantes de otras naciones. Frente a la "nación identitaria" tenemos la "nación jurídica". Esta última está formada por ciudadanos libres e iguales en derechos y, por tanto, no existe sin estos últimos. En las naciones jurídicas acostumbra a haber una Constitución –votada por los ciudadanos en tanto que poder constituyente– que, junto a otras normas e instituciones, delimita el ámbito de la libertad de sus ciudadanos dentro del Estado de Derecho. Mezclar, como hacen muchos nacionalistas catalanes y muchos nacionalistas españoles, el respeto –o la falta de respeto– a la Constitución española con la sumisión a las

---

[53] Ello explicaría, por ejemplo, que en Cataluña la ausencia prolongada del nacionalismo español junto a la hegemonía del nacionalismo catalán hayan puesto en jaque la existencia misma del Estado.

naciones identitarias catalana o española es, por tanto, un error.

Para acabar, permítanme formular un deseo. Quizás llegará el día en el que, al margen de los sentimientos identitarios de cada uno, todos entenderemos un Estado como un simple pacto leal entre ciudadanos para dirimir los problemas comunes, más que como una plasmación material de entelequias como una nación (identitaria). En este sentido, conviene no olvidar que la relegación de las creencias religiosas (parecidas en muchos aspectos a las creencias nacionalistas) de la esfera política a la esfera privada ha venido de la mano, en la mayoría de países, de un desarrollo muy positivo en la gestión de lo común desde un punto de vista democrático, al permitir la separación entre sentimientos y razón. Además, tal proceso de secularización ha causado, al menos en cierta medida o de manera indirecta, un aumento significativo del crecimiento económico [89]. Una razón, no debemos olvidar, que es necesaria para tratar problemas comunes en todos los países como son la redistribución (forzosa) de la renta de ricos a pobres, tanto desde el punto de vista de los ciudadanos que pagan los impuestos, como desde el punto de vista (en el caso de países federales) de las regiones en que éstos viven, que son las que reciben gran parte de las inversiones.

IX   ¿Constituye realmente votar para fijar las fronteras, sea como sea, sea cuando sea, la máxima expresión de democracia? Si así fuera, ¿por qué no votamos todas las fronteras de la misma manera, también quizás dentro de la propia Cataluña? Es más, si votar equivale a democracia, ¿por qué no votamos directamente también otras cosas, como por ejemplo los impuestos que queremos pagar o los recortes que queremos hacer?

Como ya hemos visto, ningún procedimiento democrático está exento de inconvenientes ya que, salvo en casos de unanimidad, su aplicación divide a la sociedad entre aquellos que salen beneficiados con la decisión tomada –los "vencedores"– y aquellos que no –los "perdedores". Si nos tomamos en serio los intereses de todos los ciudadanos, sean cuales sean sus preferencias, debemos ser capaces de responder razonablemente ciertas preguntas sobre cómo implementar la celebración de un referéndum de autodeterminación en Cataluña. Como se ha apuntado en el Capítulo 2, los detalles del mismo pueden llegar a ser cruciales en el resultado y por lo tanto en la felicidad y bienestar de nuestros conciudadanos.

En primer lugar, ya hemos visto que tener la capacidad de fijar las reglas de los procedimientos de votación –qué, cómo y cuándo se vota– es determinante sobre las decisiones colectivas que se toman. Por ejemplo, dadas las preferencias actuales de los catalanes, la decisión escogida será muy distinta si junto al *status quo* se pregunta de manera clara sólo por la independencia, sólo por más autogobierno, o por ambas, o por supuesto si no se pregunta nada o si se excluye el *status quo* como opción. En este sentido, conviene señalar que las encuestas a día de hoy en Cataluña parecen indicar que una indefinida "tercera vía federal" sería el "Condorcet Winner" frente a independencia y *status quo* [90]. ¿Quién debe fijar cómo, qué y cuándo se va a votar? ¿Las instituciones estatales, como demanda la "Clarity Act" y la legalidad española, o las instituciones catalanas, como pretenden los independentistas catalanes?

También es importante tener presente que, como se ha demostrado en otras situaciones, en el resultado final pueden llegar a influir factores tan elementales como el orden en que se formulen las preguntas o, incluso, si la opción en favor de la secesión se asocia con la palabra "Sí", con la que es más fácil simpatizar que con la palabra "No" (lo que se conoce como "framing") [91]. ¿Estamos dispuestos a pasar por alto todas estas consideraciones –que, es cierto, son comunes a la mayoría de referéndums de autodeterminación que han ocurrido en la historia– y pensar que, por ejemplo, la consulta que fue inicialmente programada para el 9-N era neutral y no favorecía, quizás involuntariamente, a una de las opciones, seguramente la secesión?

Además, dado que en la consulta del 9-N había tres alternativas, se podría haber pedido que los votantes las ordenaran por orden de preferencia [92], en lugar de darles sólo la posibilidad de votar por una de las opciones.[54] De esta manera los ciudadanos podrían haber dado más información al votar. Si el objetivo era tratar de conocer de la mejor manera posible las preferencias de los catalanes, ¿por qué ningún partido político partidario de la independencia –o del 9-N– abogó en su momento por un procedimiento que permitiese ordenar las distintas opciones?

En segundo lugar, en el caso de un referéndum en el que sólo votasen los catalanes, ¿tenemos claro cómo determinar de una manera justa algo tan elemental como quién es catalán y quién no, y por tanto decidir quién tiene derecho a votar y quién no? La definición de "catalán" no es

---

[54]En el caso de Canadá, está opción no está amparada por la "Clarity Act". De acuerdo con ésta, en un referéndum de autodeterminación la pregunta (y las respuestas) deben circunscribirse a la posibilidad de que una provincia de Canadá deje de formar parte del país.

una cuestión baladí, pues podría afectar tanto a la proporción de votos en favor/en contra de la independencia como al tamaño del censo: en efecto, unos 400.000 catalanes viven en el resto de España mientras que unos 200.000 viven en otros países, de manera que, juntos, suman prácticamente un 10 % de los habitantes de Cataluña [93]. En la consulta que inicialmente se propuso para el 9-N, por ejemplo, se daba derecho de voto a un inglés que viviera en Barcelona desde sólo un año antes, pero no se le daba a un barcelonés que viviese en Madrid desde solamente un mes antes [94]. ¿Era esto razonable, o lo que algunos querían era votar por votar, sin que importasen ni los detalles de la consulta ni la validez de los resultados, para así dar un paso más que nos acercase al objetivo (ahora ya indisimulado) de la independencia?

La determinación del censo es un problema en todas las elecciones, no sólo en un referéndum. En efecto, los censos acostumbran a excluir a personas (e.g. inmigrantes o menores de edad) que se ven afectadas por las decisiones que se someten a votación, privándolas así de su particular "derecho a decidir". Igual que sucedió en el caso de Escocia, sin embargo, para un referéndum de autodeterminación puede parecer razonable dar el derecho a voto sólo a aquellos que estén censados (o paguen impuestos) en Cataluña en el momento del referéndum, incluyendo por ejemplo a aquellos madrileños que vivan en Barcelona y excluyendo a aquellos catalanes que vivan en Madrid o Roma. La no participación de estos ciudadanos no supone un gran problema en el caso de elecciones ordinarias como las municipales, pues la mayoría de las políticas adoptadas por un gobierno se pueden revertir en el corto/medio plazo. De manera que no se estaría privando del derecho efectivo a influir en ellas, en el momento que decidan volver, a aquellos que momentáneamente no pertenezcan al censo. Sin embargo, si en el caso de un referéndum por la independencia de Cataluña se optase por dar el derecho de voto sólo a los censados en poblaciones catalanas sí se estaría privando del derecho a decidir el futuro a largo plazo del país a muchos catalanes. Unos catalanes que deberían poder tener derecho a expresar su opinión al respecto, si entendemos que dicha decisión puede afectar a su futuro.

En tercer y último lugar, ¿cuáles son las mayorías que deberíamos requerir para aceptar una secesión? ¿La mayoría simple de los votos, en clara violación del principio *A maiore ad minus*? Recordemos que para cambiar la ley electoral en Cataluña, una vez aprobado el Estatut de Catalunya en el 2006, hacen falta el doble de votos a favor que en contra. De acuerdo con esta ley, el Parlament de Catalunya (y no el Congreso de los Diputados) decidió que "no era democrático" que se pudiera cambiar la ley electoral si no se contaba con el respaldo de al menos dos terceras partes de los diputados. Dado que a todas luces es evidente que proclamar la independencia de Cataluña es más trascendental que cambiar su ley electoral, puede parecer contradictorio que muchos políticos independentistas afirmen ahora que con una mayoría simple de escaños (que no de votos de los ciudadanos) basta para proclamar la independencia. De hecho, en parte por la nula predisposición a negociar del gobierno central, en parte por las prisas de algunos de los impulsores del proceso soberanista catalán, las exigencias democráticas de éstos son cada vez menores: de pedir una consulta no vinculante se pasó a exigir un referéndum de autodeterminación como el de Escocia, y de ahí se ha pasado recientemente a querer usar las elecciones del 27-S como sucedáneo de referéndum. Unas elecciones para las que, como ya he dicho, no se requiere siquiera la mitad de los votos con el fin de usarlas para iniciar el proceso de secesión. Este continuo vaivén denota la fragilidad de las convicciones de algunos independentistas en relación con la calidad que los procesos de decisión deben de tener en democracia.[55]

---

[55]A ello volveremos más adelante.

Es verdad que existen ejemplos de países, como recientemente el Reino Unido en el caso de Escocia, que sólo han requerido la mayoría de los votos emitidos para proclamar la independencia. Como también es cierto, sin embargo, que en otros casos la mayoría requerida fue mayor. Por ejemplo, en el caso de Montenegro en 2006, la OSCE estableció una mayoría a favor de la independencia del 55 % del voto emitido [95]. En cualquier caso, ¿fue la decisión tomada para el caso escocés sensata? Nótese que el requerimiento de sólo la mitad (más uno) de los votos emitidos para la independencia es incompatible en general con la estabilidad de los sistemas políticos.

La estabilidad de un sistema político, pese a que dificulta escapar de equilibrios ineficientes, es ampliamente aceptada en general como un bien en sí mismo, sobre todo en el caso de decisiones excepcionales. Sin lugar a dudas, la mayoría cualificada necesaria para reformar la Constitución española dificulta la posibilidad de lograr un acuerdo para un referéndum de autodeterminación en Cataluña, especialmente con una mayoría absoluta del PP. Sin embargo, también evita la posibilidad de que el PP, incluso contando con una mayoría holgada de los diputados en el Congreso, pueda deshacer el Estado de las autonomías. Es decir, que la Constitución actúa como garante del derecho a decidir de todos los españoles sobre la integridad territorial de España. Pero al mismo tiempo también garantiza el derecho de los partidarios de un Estado descentralizado a mantenerlo, incluso si éstos constituyeran una minoría. Reglas que preserven la estabilidad, como el requerimiento de una mayoría cualificada para cambiar el *status quo*, acostumbran por tanto a presentar ciertas ventajas. Así lo apunta en el caso de partir un país, como ya hemos comentado, la "Clarity Act" canadiense al exigir mayorías cualificadas para la toma en consideración de la secesión de una de sus regiones. Por definición, las mayorías cualificadas son más robustas que la mayoría simple frente a intereses espúreos o arrebatos pasajeros. De ahí que casi todos los Estados actuales –por supuesto España y dentro de ella, Cataluña– tengan en su legislación preceptos en los que se requiere más de la mitad de los votos para implementar ciertos cambios.

Un ejemplo del peligro que a veces acarrea la ausencia de tales requerimientos ocurrió recientemente en Suiza en un referéndum convocado para decidir sobre la posibilidad de limitar o no la inmigración procedente de la UE [96]. Para aprobar una reforma de la Constitución federal se requiere en Suiza una doble mayoría: de votos y de cantones [97]. En contra de todos los partidos menos uno –el muy conservador y populista SVP– y en contra de la patronal, los sindicatos y las universidades, los suizos decidieron en dicho referéndum, por muy estrecho margen, limitar la inmigración de los ciudadanos de países miembros de la UE. Tal decisión, que aún debe ser implementada como un cambio en la Constitución federal, ha sido interpretada por todos los analistas como un tiro al pie de los propios suizos, pues pone en jaque las grandes ventajas de las que ha disfrutado Suiza en su relación con la UE y que han permitido, junto a otros factores, que el país helvético sea uno de los países más ricos y prósperos del mundo. Parece sensato pensar que un requerimiento mayor del 50 % del voto hubiera evitado este problema, sin por ello menoscabar el carácter democrático de Suiza. Por cierto, de este referéndum podemos aprender otra lección: en efecto, incluso aquellos que se opusieron a la limitación de la inmigración procedente de la UE, y que son conscientes de las consecuencias negativas que tal decisión puede acarrear para Suiza, aceptan que se debe implementar tal cambio, si bien de la manera menos invasiva posible. ¿La razón de tal comportamiento? Cambiar las reglas a mitad del partido comprometería la credibilidad de las mismas.

La benignidad de la estabilidad nos la demuestra incluso la propia naturaleza mediante la existencia de ciclos de histéresis. Éstos requieren que ciertos cambios de estado (físico) se produzcan a valores distintos en función del pasado. Dado que en muchos casos la naturaleza es más sabia que nosotros –lleva evolucionando miles de millones de años– puede parecer razonable aprender de ella en nuestro quehacer cotidiano, político o científico. Traducido a nuestro problema, un ciclo de histéresis requeriría una mayoría superior al 50 % tanto para que Cataluña se independizara de España como la misma mayoría para que una Cataluña independiente volviera a unirse a España (con el consentimiento de ésta). Se evitarían así "cambios de estado" continuos –con los consiguientes costes fijos– en una sociedad muy polarizada [98]. Por ejemplo, un bit magnético de información como los que se usan en los billetes de metro posee histéresis, y por tanto memoria, que es la información que guardamos. La "preponderancia del *status quo*" nos permite en este caso saber el número de viajes hechos a medida que vamos usando el billete.

X Es común oír en los últimos tiempos, y no sólo en Cataluña, opiniones que afirman la supremacía en todos los casos de los referéndums sobre otras fórmulas de participación ciudadana comunes en democracias representativas y no directas, fundamentalmente las elecciones. En este sentido, se acostumbra a poner a Suiza como un ejemplo fácilmente importable, olvidando tanto la idiosincrasia de todo el sistema político helvético como las décadas de tradición –el sistema data del siglo XIX– que han permitido que tal sistema sea estable y funcione, al menos hasta ahora.[56] U olvidando también, quizás por desconocimiento, el caso de California, cuyo sistema de referéndums permite hasta fijar determinados impuestos, razón por la cual las finanzas del Estado de California han pasado tantas veces por enormes dificultades. Y ello a pesar de ser California la cuna de Hollywood o Silicon Valley [100].

Por un lado, la implantación sin más de referéndums como mecanismo para tomar decisiones en sociedades sin una tradición al respecto –obviando la necesaria deliberación que debe acompañar a éstos– puede resultar en un fracaso. Una muestra reciente es la celebración en Barcelona del referéndum por la reforma de la Diagonal en 2011 [101]. En dicha consulta participaron solamente el 12,17 % de los barceloneses y su mera celebración no contó inicialmente, qué curioso, ni con la simpatía de CiU ni con la de muchos ciudadanos que criticaron su excesivo coste, alrededor de los 3 millones de euros [102]. Incluso en el caso de que un sistema de referéndums como el suizo fuera fácilmente importable, debemos ser conscientes de que la posibilidad de poder votar sobre (casi) todo ha llevado a Suiza a tomar decisiones que, desde el punto de vista de muchos catalanes serían discutibles. Recuerden, si no, la prohibición de construir minaretes [103]. Porque en Suiza se puede votar en efecto sobre casi todo. Por ejemplo, la

---

[56]Por ejemplo, hace poco los suizos rechazaron en referéndum aumentar el número de días de vacaciones, hecho difícilmente imaginable tanto en Cataluña como en el resto de España [99].

ciudadanía suiza se otorga sólo después de un proceso que dura al menos 12 años y requiere frecuentemente el voto afirmativo de los habitantes de la localidad en la que vive el candidato a suizo. Y aunque es cierto que Suiza ocupa una posición alta en la mayoría de clasificaciones de calidad democrática, conviene señalar que es superada por algunas democracias representativas [104].

Por otro lado, la ratificación en referéndum de alguna decisión previamente discutida y negociada entre los políticos (elegidos mediante elecciones) en el Parlamento (donde descansa la soberanía de los ciudadanos) permite dotar a tal decisión –en caso de ser aprobada– de un barniz de respetabilidad muy grande para con la propia ciudadania. Una respetabilidad imposible de conseguir sin un referéndum. Y más en momentos como los actuales, en los que la clase política carece de buena reputación.

Sin embargo, lo que algunos proponen en el caso de Cataluña –ora mediante un referéndum ora mediante elecciones plebiscitarias– es distinto. De lo que se trataría, según ellos, es de revertir el orden; primero escoger entre dos opciones extremas, independencia y *status quo*, para que después las dos "partes" implicadas negocien el "mandato de los ciudadanos". Intercambiar el orden entre negociación y referéndum presenta un problema muy grande si, como parece ser en el caso de los preferencias agregadas de los catalanes, el óptimo social se encuentra a mitad de camino entre ambas opciones extremas. En efecto, así como un proceso de negociación permitiría (potencialmente) poder someter a votación, para su ratificación o para su rechazo, una opción intermedia que surgiera de una negociación entre las partes implicadas, un referéndum vinculante entre dos opciones extremas sólo permitiría poder escoger una de las dos, de manera que el óptimo social no resultaría elegido. Al menos no directamente.

Es cierto, no obstante, que si la opción escogida no fuera la independencia pero el apoyo a ésta fuera alto, los partidarios de una tercera vía podrían usar este hecho para mejorar su posición negociadora e, indirectamente, conseguir implementar el óptimo social.[57] Sin embargo, usar la posibilidad de la independencia –sobre todo si no es acordada con el Estado– como activo negociador conlleva ciertos peligros potenciales. Por un lado, ayuda a incrementar el descrédito del Estado de Derecho y a generar tensiones territoriales. Por otro lado, puede llegar a reducir el poder de negociación si tal posibilidad o bien no es creíble o bien es percibida como demasiado rígida, al achicar en este caso el espacio para la negociación.

---

[57] El reciente "No" a la independencia de Escocia sí que servirá, parece, como un activo para que los escoceses obtengan una mayor autonomía, la llamada "Devolution Max", y, con ello, puedan acercar la decisión final al "Condorcet Winner".

3.2   El proceso catalán desde la Lógica

XI   A pesar de que la existencia del llamado "déficit fiscal" es uno de los factores más relevantes para explicar el auge del independentismo, hasta ahora no ha ocupado un papel relevante en el presente ensayo. Dado que se ha escrito mucho sobre ello, es difícil aportar alguna novedad [105, 106, 107]. Aun así, creo necesario hacer algunas aclaraciones que eviten que caigamos en la trampa de confundir la magnitud del déficit fiscal con su carácter justo o injusto o, incluso, con el grado de viabilidad económica que tendría una Cataluña independiente.[58]

Empecemos por definir qué es "déficit fiscal". Llamemos $\mathcal{G}$ al gasto total en Cataluña por parte de la Administración Central e $\mathcal{I}$ a la cantidad total de impuestos que los contribuyentes catalanes pagan a dicha administración. La diferencia entre las dos cantidades, $\mathcal{S} = \mathcal{G} - \mathcal{I}$, es el saldo fiscal de Cataluña con respecto a la Administración Central. Cuando $\mathcal{S}$ es mayor que cero, i.e. $\mathcal{S} \geq 0$, se dice que Cataluña tiene "superávit fiscal", mientras que cuando $\mathcal{S}$ es menor que cero, i.e. $\mathcal{S} \leq 0$, se dice que Cataluña tiene "déficit fiscal".

Sin embargo, no todo es tan sencillo como parece. Para conocer los valores exactos de $\mathcal{I}$ y $\mathcal{G}$ es ineludible hacer ciertos supuestos. Por un lado, los ingresos de la Administración Central proceden de varios impuestos (IRPF, IVA, Sociedades, etc) cuyo papel es, en el caso de algunos de ellos, difícil de dividir territorialmente. Por ejemplo, las economías de Madrid y Cataluña suponen casi un 38 % del PIB español. Sin embargo, según la AEAT, los ingresos tributarios líquidos del Estado que se recaudan en aquellos territorios (en Madrid el doble que en Cataluña) representan casi

---

[58]También conviene no confundir el "déficit fiscal" de Cataluña –i.e. de los catalanes– con la posible infrafinanciación de la Generalitat de Catalunya.

el 70 % del total como consecuencia del efecto sede de las grandes empresas en España.[59] Por otro lado, aunque el impacto territorial de muchas inversiones (los trenes de cercanías) es evidente, no lo es el de otras (el gasto en defensa o en embajadas).

Por supuesto, es completamente legítimo que alguien quiera que $S = 0$ en el caso de Cataluña (o de cualquier otra CCAA) y que luche políticamente para que ello sea así, como hacen los independentistas.[60] Es decir, forma parte del juego democrático que alguien ansíe que Cataluña y el resto de España sean fiscalmente independientes.[61] Esto implicaría que los catalanes se desentendieran a nivel fiscal por completo de los andaluces, por poner un ejemplo. Tal desconexión sucede, por poner otro ejemplo, entre España y Botswana. Sin embargo, la queja fundamental de muchos catalanes, la gran mayoría, no es que S sea negativo, sino que la magnitud del déficit fiscal, dicen, es demasiado grande, convirtiéndolo así en injusto.

¿Es el déficit fiscal de Cataluña demasiado grande? ¿Es el déficit fiscal de Cataluña injusto? Sobre la primera pregunta, es indiscutible que tal déficit existe y que es significativamente grande. Negarlo, por ejemplo evitando neutralizar las balanzas fiscales, es simplemente un truco falaz.[62] Sin embargo, no existe una evidencia empírica irrefutable que demuestre que Cataluña es un caso excepcional en el mundo en relación con

---

[59]Agradezco a Samuel Calonge este dato. Para el año 2005, ver [108].

[60]Imagino que, con el fin de ser consistentes en sus reclamaciones, los partidarios de que $S = 0$ no quieren que Cataluña forme parte de la UE –incluso en el caso que ésta tuviera aún más mecanismos de control por parte de la ciudadania– pues Cataluña sería contribuyente neta. A no ser, claro, que prefieran transferir dinero a Polonia y no a Andalucía.

[61]Por supuesto, la independencia fiscal es solamente una condición suficiente, pero no necesaria, para que $S = 0$.

[62]Neutralizar la balanza fiscal quiere decir simplemente que la suma de S para todas las CCAA debe ser cero. La no neutralización es útil para responder a preguntas distintas de "¿Cuál es el déficit fiscal de Cataluña?". En este sentido, es necesario dejar claro que no existen distintos métodos para calcular las balanzas fiscales: cada uno de ellos sirve para responder a una pregunta distinta. En relación con el déficit fiscal, la no neutralización sí puede llegar a ser relevante sin embargo si la capacidad para financiarse de Cataluña es limitada (o inexistente) en comparación con la de España.

su déficit fiscal, incomparable a otras regiones de Alemania, EEUU o Italia [200]. Respecto a Alemania en particular, conviene consignar que no existe, como algunos creen o intentan hacer creer, limitación legal alguna a la redistribución entre los distintos Länder (regiones alemanas).

Para responder la segunda pregunta (¿Es el déficit fiscal de Cataluña injusto?), debemos ante todo entender que tanto $\mathcal{I}$ como $\mathcal{G}$ son números obtenidos sumando muchas cosas muy distintas. Por un lado, $\mathcal{I}$ contiene el impuesto sobre la renta, que es progresivo. Es decir, cuanto más alto es su sueldo, más impuestos paga cada contribuyente. De manera que no debe sorprender a nadie que las CCAA en las que vive gente que cobra más que la media, como es el caso de Cataluña y de Madrid, presenten déficit fiscal. Ello sucedería incluso en un Estado perfecto desde el punto de vista de la redistribución siempre que las regiones no fueran homogéneas respecto a la renta. Estar en contra de que $\mathcal{S} < 0$ implica por tanto estar en contra de la redistribución de la riqueza (por lo menos a nivel del Estado). Por otro lado, $\mathcal{G}$ contiene las inversiones en territorios determinados, pero también el gasto del Estado dirigido a personas concretas, como el subsidio de paro o las pensiones. Por tanto, tampoco debe sorprender a nadie que las CCAA en las que vive gente con una edad mayor que la media, como es el caso de Galicia, o en las que la tasa de paro es mayor que la media, como Andalucía, presenten superávit fiscal. En España, es necesario recordarlo, al margen de los impuestos controlados por CCAA y ayuntamientos, ningún ciudadano está discriminado en función del lugar de residencia, al menos tanto respecto a los impuestos que paga como respecto a los gastos individualizados del Estado en materias como las pensiones.[63]

---

[63]La ausencia de discriminación existe a nivel nominal. Dada la variabilidad en el coste de la vida, sí existe una discriminación en contra de aquellos ciudadanos que viven en ciudades en las que el coste de vida es más alto.

¿Qué parte del déficit fiscal catalán se explica por las diferencias individuales respecto a la renta, la edad o la salud? Es decir, ¿qué parte del déficit fiscal catalán se explica simplemente porque vivimos en un Estado redistributivo con impuestos progresivos y un sistema del bienestar que no discrimina en función del lugar de residencia? Unas dos terceras partes, aproximadamente [105]. Con respecto al resto del déficit fiscal, que sigue siendo considerablemente grande, ¿es justo? ¿Obedece a un sesgo anticatalán del Estado español?

Sin duda, algunas decisiones en inversiones de los gobiernos españoles (muchas veces apoyadas no solamente por los diputados catalanes de PP o PSOE, sino también por los de CiU e, incluso, ERC) son, como mínimo, dudosas desde el punto de vista de la racionalidad económica. Por ejemplo, la ausencia del corredor mediterráneo ha sido considerada, prácticamente por unanimidad, una aberración económica que no solamente perjudicaba a Cataluña o Valencia, sino también lesionaba el interés general español (aunque quizás no el de Madrid). Tal decisión ha obedecido al hecho de que los gobiernos centrales han tenido otras prioridades, muchas veces equivocadas, pues el presupuesto público no es infinito. Junto a decisiones como la anterior, existen otras obstrucciones absurdas al autogobierno de Cataluña y de otras CCAA impuestas por el gobierno español: por ejemplo los corsés impuestos sobre las universidades que impiden que algunas de éstas (entre ellas algunas catalanas) puedan mejorar su competitividad.

Es importante entender que existe una diferencia fundamental entre los dos ejemplos anteriores: la homogeneización del sistema universitario no guarda relación alguna con la financiación de las CCAA sino con el reparto de las competencias (y del poder) entre el gobierno central y el resto de administraciones. A mi juicio, la mejora y clarificación en el reparto de las competencias ofrece un potencial de mejora para todos –catalanes y el resto de españoles– mayor que la mejora del sistema de financiación. Entre otras ventajas, un reparto más claro de las competencias permitiría evitar duplicidades –en Holanda las universidades se especializan en determinadas materias– y favorecer a las CCAA que quieran innovar.

De hecho, aunque el sistema de financiación español dista de ser justo, algo reconocido por casi todos, no parece ajustado a la realidad afirmar que existe un sesgo sistemático anticatalán.[64] Se han tomado malas decisiones, es verdad. Pésimas a veces, como así sucede en la mayoría de países. Y todas las CCAA tienen una lista larga de agravios con respecto a la actuación del gobierno central. Aunque no todas tienen motivos reales para quejarse de la misma manera. De manera significativa, la Comunidad de Madrid disfruta del plus que le confiere la capitalidad de Madrid, hecho que distorsiona por completo su balanza fiscal. La existencia crónica de déficits fiscales es, en general y ante todo, una consecuencia de la falta de convergencia económica en el largo plazo entre las diferentes partes que componen un país. En el caso de España, es cierto, parece existir indudablemente un problema no resuelto de gestión y eficiencia de un estado (cuasi)federal cuyo objetivo sea promover de manera efectiva la convergencia económica sin erosionar los incentivos de sus regiones más dinámicas.

En resumen, no se puede afirmar razonablemente que el sistema fiscal español tenga como objetivo extraer riqueza de Cataluña para dársela al resto de España (o a Madrid). Una muestra más de que esto no es así es el apoyo que los sucesivos gobiernos catalanes han brindado a las distintas reformas del sistema de financiación de las CCAA de régimen común [109]. De manera, que o éstos han sido engañados durante décadas o

---

[64]Sí es cierto que existe un sesgo sistemático en el sistema, pero es en favor de Navarra y el País Vasco, y por tanto en contra del resto de CCAA, Cataluña incluida.

algunos otros quieren engañar ahora a la ciudadanía catalana con fines políticos, haciendo creer que la relación entre Cataluña y el Estado español se reduce a un saqueo constante de Cataluña por parte del resto de España. Es bueno recordar, por ejemplo, que los únicos JJOO celebrados en España han sido en Barcelona y que esto no hubiera sido posible sin la colaboración de las instituciones (públicas y privadas) estatales ni sin la aquiescencia de prácticamente todos los españoles, pues la celebración de los JJOO en Barcelona no supuso ninguna factura electoral relevante al partido político que en mayor medida contribuyó a ello, el PSOE. Un evento olímpico que, por cierto, transformó completamente la capital catalana y que, seguramente, aún da réditos, y no sólo a Barcelona. Por ejemplo, el número total de pernoctaciones tanto en hoteles como en cámpings catalanes se disparó en 1992: en el año 2005, eran el doble que en el año 1991 [217, 212]. La industria del turismo supone más del 10 % del PIB catalán anual, significativamente por encima de la media española [110, 111].

Las balanzas fiscales contienen la información sobre los déficits y superávits fiscales de las distintas CCAA. Por un lado, publicar las balanzas fiscales ayuda a la necesaria fiscalización de las decisiones que toman los políticos. Es decir, no es cierto que aunque los impuestos los paguen las personas (o empresas), las balanzas fiscales no aporten una información valiosa que pueda usarse para mejorar el funcionamiento del Estado. Por otro lado, es igualmente cierto que la publicación de las mismas puede favorecer las tensiones territoriales al ofrecer una fuente inagotable de argumentos para la demagogia. Y no sólo para los políticos catalanes. En eso, como en las actitudes pasadas y presentes ante la corrupción, los políticos catalanes no parecen muy distintos de sus correligionarios del resto de España.

Para entender por qué no todos los efectos de la publicación de las balanzas fiscales son positivos, permítanme hacer el ejercicio reverso al que hacen muchos independentistas: centrémonos en las balanzas fiscales de cada ciudadano en lugar de en las balanzas fiscales de cada CCAA. Así, pensemos en si es bueno que sepamos quién y en qué se gasta el dinero que obligatoriamente debemos pagar cada uno de nosotros a la hacienda pública. Por ejemplo, una persona de 45 años, sana, sin hijos y con un sueldo bruto de 10.000 euros al mes tiene un déficit fiscal muy grande con la Administración Central. Gracias a los impuestos que paga, por ejemplo, pueden vivir algunos pensionistas o algunos bebés ir a la guardería. ¿Debería tener derecho este contribuyente a saber en quién y en qué exactamente gasta el Estado su dinero o, incluso, debería tener un trato preferente en un hospital público frente a un parado? ¿Les parece un argumento demagogo? A mí, sí. Los Estados, por imperfectos y mejorables que sean, son instrumentos necesarios para el progreso de las sociedades en tanto que tienen la potestad de redistribuir la riqueza –generalmente en base a criterios no económicos– entre los ciudadanos sin tener que dar todas las explicaciones ni todos los detalles posibles.[65]

De hecho, la Generalitat de Catalunya maneja un presupuesto muy amplio, algunos impuestos propios y también toma decisiones ejecutivas que benefician a regiones concretas. Si tan importante para el correcto funcionamiento de un Estado es el conocimiento por parte de la ciudadanía del contenido de las balanzas fiscales, ¿por qué no publica y publicita la Generalitat de Catalunya las balanzas fiscales de los catalanes con la Administración catalana? Así, por ejemplo, se podrían observar las transferencias fiscales entre las distintas comarcas catalanas. Curiosamente, Francesc Homs, conseller del gobierno de la Generalitat de Catalunya du-

---

[65]Mantener un sentido agudo en favor del individualismo es perfectamente compatible con la comprensión de las tareas fundamentales de un Estado, entre las que se encuentran el monopolio de la fuerza legítima y la recolección forzosa de impuestos.

rante los gobiernos de Artur Mas, dijo hace poco que *"El poder no puede ser transparente"* [112]. Aunque pueda sorprender en boca del portavoz del gobierno catalán, esta reflexión apunta a un aspecto controvertido: ¿cuál ha de ser el grado de transparencia que deben tener las democracias? ¿Es bueno que los ciudadanos tengamos derecho a conocer todos y cada uno de los detalles de la actuación de nuestros gobiernos?

Desde que Suecia empezó a implementar en el siglo XVIII las primeras leyes que garantizaron que las actuaciones de los gobernantes podían ser sometidas a escrutinio por parte de la opinión pública, la mayoría de países han ido incorporando provisiones legales que garantizan el acceso por parte de los ciudadanos a los detalles de las actividades gubernamentales [113]. Excepto en cuestiones de protección de la privacidad o en cuestiones clave de defensa, el principio de acuerdo con el cual los ciudadanos debemos conocer cuantos más detalles mejor sobre nuestros gobiernos parece indiscutible. Que los ciudadanos sepamos (o podamos saber) más nos beneficia efectivamente en la gran mayoría de casos, pero no en cualquier circunstancia, al menos no si tal derecho se nos garantiza en tiempo real.

La razón es que los políticos responsables de tomar decisiones son a veces más conscientes de las consecuencias de éstas que los electores que deben reelegirlos [216]. De manera que cuando estas decisiones (o sus detalles) son públicas en el momento de de ser tomadas, crean incentivos para que los políticos tomen la decisión que crean más agradará a los votantes y no la decisión que crean es la mejor para estos últimos. En términos de ciencia económica, existe en tal caso una *asimetría en la información* entre ciudadanos y políticos: éstos últimos saben más que aquéllos, de manera similar a como un mecánico de coches sabe más sobre averías que sus clientes.[66] Por razones parecidas los jueces del Tribunal Supremo en EEUU conservan su cargo de manera vitalicia. Con ello se evita que la continuidad en su cargo dependa de sus decisiones, como sucede (y debe suceder) con los políticos. Además, de esta manera se fortalece la separación de poderes.

Pese a que da tiempo para tejer una red clientelar, la permanencia de los políticos en un mismo cargo por más de una legislatura también presenta ciertas ventajas cuando es validada mediante elecciones. Entre ellas favorecer el interés de los políticos por el medio plazo –pues podrían querer aún ganar elecciones para mantenerse en el poder– y, sobre todo, permitir el aprendizaje de las tareas que tengan asignadas.[67] Respecto a este último aspecto, si fuera cierto que los gobernantes (incluso los más capaces) son igual de competentes que los ciudadanos de a pie a la hora de tomar cualquier decisión, entonces una democracia representativa carecería prácticamente de sentido: con referéndums y una participación electoral muy alta de la ciudadanía bastaría para implementar las mismas decisiones que los políticos –o mejores, al no tener los ciudadanos intereses espúreos. Al tiempo que permitiría ahorrar todos los costes de mantener a la clase política. Sin embargo, es innegable que el ejercicio de la profesión de político –como es el caso para la mayoría de profesiones– permite que éstos aprendan con el tiempo sobre la naturaleza de las decisiones que se deben tomar.

Las balanzas fiscales se han usado frecuentemente con fines políticos, no sólo por parte de la Generalitat de Catalunya. En palabras del también

---

[66]Tal asimetría puede generar a veces incentivos muy perversos. Así parece que sucedió en la última legislatura de Zapatero, el cual se negó (con sus palabras y con algunas de sus políticas) a aceptar que España acababa de entrar en una crisis severa. Y con ello ganó las elecciones pero generó un perjuicio a todos los españoles.

[67]En una democracia, las elecciones constituyen el instrumento principal, junto a un poder judicial independiente y ágil y junto a una prensa libre y fiscalizadora, con el que disciplinar la actuación de nuestros gobernantes. De ahí que las propuestas que limitan los mandatos políticos a uno solo presenten muchos inconvenientes.

conseller de la Generalitat de Catalunya a la par que muy prestigioso economista, Andreu Mas-Colell [114]: *"En su raíz, el conflicto político entre los Gobiernos de Cataluña y de España, ambos plenamente democráticos, no es sobre déficits fiscales. Es sobre autogobierno."* La pregunta clave que se plantearon hace un tiempo los promotores del proceso soberanista fue: ¿cómo conseguir que una gran mayoría de la población catalana se decante en favor de la independencia –i.e., en favor de la mayor cota posible de autogobierno– cuando para tal fin no bastan los argumentos puramente identitarios?

Una manera de intentar dar un vuelco a las preferencias de la sociedad catalana que ha sido ampliamente explorada por algunos partidarios de la independencia es la siguiente: utilizar para sus propios fines los desequilibrios descritos en la balanzas fiscales. Así, es común oír que el dinero del que los catalanes no disponen ahora mismo lo tienen los niños extremeños, ligando por ejemplo de manera chapucera e interesada el pago de los peajes en Cataluña con la presencia de ordenadores portátiles en las aulas de Extremadura [115, 116].[68] Más en general, el uso político del déficit fiscal queda perfectamente sintetizado en los mágicos 16.000 millones de euros, que es la cantidad en que generalmente se cifra el déficit fiscal de Cataluña. Sea correcto o no, el uso que se acostumbra a hacer de este número no es científico, sino que persigue situar en el imaginario colectivo la idea de que cada catalán dispondría de más de 2.000 euros cada año de ser Cataluña un país independiente. Ello es ostensiblemente falso. Veamos por qué.

En primer lugar, incluso aceptando la cantidad mágica, no es cierto que el déficit fiscal de cada catalán con la Administración central sea de más de

---

[68]Parece necesario consignar el parecido entre los lemas "Espanya ens roba" y "Roma Ladrona". Si bien las comparaciones entre países distintos deben ser usadas con prudencia, sobre todo para evitar caer en reducciones al estilo *ad hitlerum*, también es cierto que existen ciertas actitudes que son objetivamente parecidas, se quiera o no.

2.000 euros anuales: para cada ciudadano, su saldo fiscal con la Administración Central no se obtiene dividiendo el saldo fiscal entero de Cataluña
por su población, sino que se obtiene restando los impuestos que paga
de lo que el Estado gasta en él/ella. Esto quiere decir que el beneficio
(o perjuicio) de la independencia de Cataluña no sería el mismo para todos los ciudadanos catalanes. Dada la presión fiscal actual en Cataluña,
que es muy alta, y por el hecho de que los impuestos son progresivos, es
bastante posible que fueran los catalanes más ricos los que más se benefi-
ciaran (o menos perjudicados salieran) a resultas de la independencia de
Cataluña. En segundo lugar, crear un Estado no es barato. Existen muchos
costes fijos que deben considerarse, así como también costes asociados a
la pérdida de las economías de escala que supone la pertenencia actual
de Cataluña al Estado español. En tercer lugar, predecir el impacto que
la no pertenencia a la UE tendría para una Cataluña independiente es
prácticamente imposible, aunque no cuesta imaginar que sería gravísimo.
Para que el saldo fiscal de la independencia, costes al margen, alcance los
16.000 millones de euros (asumiendo que este número es el correcto) el
PIB no debe bajar, no se deben dar fugas de empresas, se debe poder tener
acceso a los mercados de crédito internacionales y el Estado de Derecho
debe imperar. Por muy buena voluntad que haya, nada está garantizado
[117].

XII   A pesar de ser la pretensión de algunos partidarios de la independencia de Cataluña, las decisiones que nos afectan a todos no se deberían tratar a la ligera o irreflexivamente, como si no tuvieran consecuencias. Desgajar Cataluña de España, con tantos lazos como unen a aquélla con el resto de España, no es una decisión menor que deba tratarse desde la algarabía más propia de una gincana. Hablamos de partir un país, y partir un país, o cualquier comunidad, genera división. A veces, no siempre, incluso el simple hecho de votar (o consultar) puede generar fricciones o divisiones.[69] Así lo apunta en el caso de Québec Stéphane Dion, impulsor de la "Clarity Act", de lo que deduce que un referéndum de secesión sólo puede ser la última solución, nunca la primera [118]. Y la división puede ser muy peligrosa. Desafortunadamente sobran ejemplos en la Historia, como la actual Letonia. Una parte significativa de la población de esta república báltica es extranjera –por ejemplo, no tiene derecho a voto– a pesar de haber vivido toda la vida en el mismo lugar [119].

No digo que no se puedan hacer referéndums de autodeterminación: no hacerlos puede llegar también a fracturar la sociedad, o como mínimo a ayudar a enquistar un problema. Ni tampoco digo, por tanto, que no se puedan partir países.[70] De hecho, así ha sucedido en el último siglo en muchos lugares del mundo, si bien es cierto que nunca en una democracia establecida comparable a España, con su nivel de renta y perteneciente a una comunidad política como la UE [120]. La falta de antecedentes no es baladí, pues dificulta sobremanera la predicción de las consecuencias de una posible independencia de Cataluña.

---

[69]Para pulsar la opinión de los ciudadanos en un momento dado (mediante preguntas/decisiones que no llevan a ningún mandato político) ya existen las encuestas, que bien diseñadas pueden ser muy precisas.

[70]Por supuesto, mucho mejor es dibujar fronteras con votos que con matrimonios entre reyes o con sangre, como ha sucedido históricamente, también en España. Sin embargo, esto no quiere decir que dibujar nuevas fronteras sea mejor que no hacerlo.

Ni tampoco digo que no se deban celebrar manifestaciones masivas de carácter reivindicativo que permitan a sus participantes reafirmarse ante sí mismos, ante aquellos que piensan como ellos, y ante el resto del mundo. Afortunadamente, vivimos en un Estado de Derecho que lo permite. Hace unas pocas décadas, desgraciadamente, esto no era posible en España. Nada más lejos de mi intención, por tanto, que minusvalorar una manera perfectamente legítima, aunque en absoluto la única, de tratar de influir en las decisiones de los políticos. Porque en democracia, cabe recordar, las manifestaciones sirven para presionar a los gobernantes, pero no deciden nada; para decidir están las elecciones (o los referéndums, llegado el caso). Sin embargo, sí opino que debemos tratar la posibilidad de secesión desde la seriedad que merece un asunto de tal magnitud, porque puede ser que nos convenga mucho más a todos no solamente no tratar de dibujar nuevas fronteras, sino intentar borrar las que ya existen [121].

Tal seriedad conlleva, en mi opinión y tomando de nuevo como referencia la "Clarity Act" canadiense, descartar tanto unas elecciones plebiscitarias al estilo de las del 27-S como una consulta parecida a la que se propuso para el 9-N. Por un lado, el plebiscito –incluso diluido en listas con miembros de la "sociedad civil"– puede ser interpretado como el voto de confianza personal a un hombre (Artur Mas), mientras que en un referéndum sólo se trataría de la aprobación o el rechazo de un texto [122]. Por otro lado, la consulta del 9-N contaba con preguntas confusas, cuyas consecuencias algunos consideraban vinculantes y otros no.[71] Y que, por tanto, favorecía que algunos usasen el voto en favor de la independencia para presionar al gobierno central a cambio de más autonomía, al tiempo que otros hubieran contado esos votos como sinceramente independentistas. Veamos a continuación más problemas asociados a ambas

---

[71]La confusión –terminológica, ideológica, legal y política– es indudablemente una de las características fundamentales del proceso independentista, al menos desde que está pilotado por el presidente Mas.

modalidades de consulta.

Respecto a las elecciones autonómicas pretendidamente plebiscitarias del 27-S, los propios partidarios de la consulta nos han dicho durante mucho tiempo que eran una mala opción. ¿Por qué de repente son una buena opción? Si Artur Mas es reelegido President de la Generalitat de Catalunya, podría decidir volver a convocar, con suficiente antelación para conocer la respuesta de las instituciones del Estado, el 9-N y, esta vez sí, saltarse cualquier suspensión del Tribunal Constitucional, como ha prometido hacer para declarar la independencia unilateral. ¿Quién le impide tomar esta decisión?

Los inconvenientes de unas elecciones plebiscitarias son numerosos. Por un lado, debido a la ley electoral, violan el principio "una persona un voto". De manera que una mayoría en el Parlament de Catalunya podría no corresponderse con una mayoría de los votos. Por otro lado, es esperable que sea más difícil de movilizar el voto del "No" –aunque quizás también el "Sí", de ahí entre otras razones las presiones para la "llista de país"– en unas elecciones plebiscitarias que en un referéndum. En efecto, en el primer caso no se puede votar "No" –o "Sí"– directamente, sino que debe hacerse indirectamente a través del voto a un partido, cesión que algunos ciudadanos pueden no estar dispuestos a hacer.

Otra de las críticas a la posibilidad, pretendida por el presidente Mas, de usar las próximas elecciones autonómicas como sucedáneo de un referéndum de autodeterminación es que, al hacerlo, se obvian muchos otros temas –e.g. los recortes, la corrupción o las políticas sociales– en los que no hay acuerdo entre las fuerzas partidarias del "dret a decidir". Sin embargo, esto presenta una fácil solución. En efecto, y sobre todo desde el punto de vista de aquellos que no reconocen más soberanía que la catalana, la solución es simple: usar las elecciones generales (en España) como elecciones plebiscitarias, en lugar de las elecciones autonómicas, que se podrían reservar para la discusión de todos y cada uno de los asuntos que preocupan a los catalanes.

A mi juicio, dos razones explican que, salvo algunas excepciones, nadie del entorno soberanista haya propuesto esta opción (al menos aún).[72] En primer lugar, de acuerdo con la ley, el presidente de la Generalitat de Catalunya es la única persona con potestad para convocar unas elecciones autonómicas (con carácter plebiscitario o no), capacidad que no tiene en el caso de las elecciones generales. Este hecho ha permitido a Artur Mas controlar durante muchos meses el tempo del proceso, ya sea en beneficio de los independentistas, de CiU, de CDC o de sí mismo, eso es otra discusión.[73] En segundo lugar, los resultados en las elecciones generales en Cataluña acostumbran a ser muy distintos de los de las elecciones autonómicas. Por ejemplo, mientras que la petición de la cesión de las competencias para organizar la consulta del 9-N fue aprobada por una amplia mayoría de los diputados en el Parlament de Catalunya, ésta fue rechazada por una mayoría de los diputados catalanes en las cortes españolas. Sin embargo, el cuerpo electoral con potestad para elegir tanto a todos los diputados del Parlament de Catalunya como a los diputados catalanes del Congreso de Diputados es prácticamente el mismo. Generalmente, dos fenómenos explican la diferencia en los resultados en ambos tipos de elecciones: primero, el comportamiento electoral dual de ciertos electores; segundo, la abstención sistemática en las elecciones autonómicas catalanas de un grueso de ciudadanos que sí participan en las elec-

---

[72]La ANC propone que en las elecciones estatales se integren todos los partidos independentistas en una candidatura única, pero no propone usar los resultados de estas elecciones para decidir sobre la independencia de Cataluña [123].

[73]En mi opinión, Artur Mas es plenamente consciente de tal poder ya que, a pesar de haberse comprometido a convocar el 27-S, ha dejado la puerta abierta a posponer las elecciones tanto como le ha sido posible. Para así conservar un as en la manga en la negociación con otros actores del proceso soberanista [124]. Parece indiscutible que este poder le ha permitido doblegar la voluntad de ERC para que ésta acabase integrándose en su lista para el 27-S.

ciones generales [125]. Evitar la participación de estos ciudadanos, cuyo voto podría ser mayoritariamente contrario a la independencia, es seguramente una condición necesaria (aunque quizás no suficiente) para que la independencia de Cataluña prospere en una votación.

Respecto a la consulta inicialmente programada para el 9-N, conviene recordar que contaba con unas reglas oficiales para la interpretación de los resultados de las que nadie supo nunca nada, y que fue propuesta en un momento de agitación patriótica máxima (sufragada por todos, cabe recordar). Si debemos tomar el 9-N como un indicador del respeto por la pulcritud y neutralidad de las instituciones catalanas (actuales) en cualquier tipo de consulta futura, debemos concluir necesariamente que, si queremos garantizar tales principios, la responsabilidad no puede recaer en las mismas manos que dirigieron el 9-N en cualquiera de sus diferentes versiones.

De hecho, si el objetivo inicial del 9-N era simplemente conocer la opinión de los ciudadanos en las mismas condiciones que ahora se reclaman, ¿por qué no se luchó para preguntar lo mismo hace 10 años, cuando los partidarios de la independencia de Cataluña eran muchos menos? ¿Quizás porque a algunos no les hubiera gustado la respuesta? ¿Les suena el argumento? Evidentemente, tiene más sentido preguntar cuando, como ahora, parece que estamos ante una disyuntiva. Sin embargo, ello no responde al deseo neutral e inocente de conocer la opinión de la ciudadania, sino que persigue el objetivo, legítimo, de imponer la agenda independentista y tratar de decantar la mayoría de la ciudadanía en pos del objetivo de la independencia de Cataluña. Aunque está claro que los políticos pueden influir en las preferencias de los ciudadanos, el fenómeno inverso también ocurre con frecuencia, dando lugar a un proceso que se retroalimenta. En el caso del independentismo catalán, no es fácil determinar con precisión el peso de cada uno de los dos fenómenos.

En cualquier caso, convocar un referéndum de autodeterminación –en la variante que sea– justo en el momento en que las encuestas –muy variables si pensamos en los últimos 10 años– indican un máximo en el apoyo a la independencia, en parte causado indudablemente por la crisis, denota una concepción ciertamente elástica de la democracia.[74] Una concepción que, por cierto, viola el principio del "velo de ignorancia" de Rawls, según el cual, por ejemplo, deberíamos ser capaces de determinar el nivel de impuestos antes de saber si somos ricos o pobres. En el caso que nos ocupa, esto nos llevaría a exigir la convocatoria del referéndum de autodeterminación para dentro de, digamos, 5 años. De esta manera no podríamos saber ahora las condiciones particulares –quizás a favor del independentismo, quizás en su contra– que se darían en el momento del referéndum. Además ganaríamos tiempo para madurar los argumentos.

Una de las críticas comunes al sistema político español (y, de hecho, a la mayoría de sistemas políticos) es que adolece de dos problemas muy estudiados en Economía: *selección adversa*, i.e., no se atrae a los ciudadanos que serían los mejores políticos; *riesgo moral*, i.e., no se dan los incentivos correctos para que los políticos, una vez en el poder, tomen las mejores decisiones desde el punto de vista del bienestar de los ciudadanos. En tiempos un poco convulsos como los actuales, estos problemas podrían llegar a ser aún más graves. En efecto, la agitación no solamente tiende a atraer a personajes que son mediocres y que actúan siguiendo intereses espúreos, sino que también es un polo de atracción de personajes radicales que persiguen una agenda fanática. Sobran ejemplos en la Historia. Aunque esto no ha sucedido aún en Cataluña, no es totalmente descar-

---

[74]Las últimas encuestas indican un posible descenso en el apoyo a la independencia, dando en parte sentido a las prisas de aquellos partidarios de la independencia que vieron una ventana de oportunidad única para llevar a cabo su agenda política [126].

table que pueda ocurrir en el futuro en función de la velocidad a la que evolucionen los acontecimientos.

Permítanme a continuación una pequeña digresión para dar acuse de recibo respecto a los muchos ríos de tinta que han corrido sobre la fecha idónea en la que celebrar la última (hasta ahora) de las consultas propuestas: el 27-S.[75] Ya hemos visto que la decisión social escogida depende en general del proceso escogido para agregar las preferencias de los ciudadanos. Sin embargo, una vez escogido un procedimiento concreto, ¿depende el resultado también del momento en que se celebre la consulta/elección? Existen dos opciones: "No" y "Sí". En el primer caso ("No"), lo que en realidad dependería crucialmente de la fecha escogida para las elecciones plebiscitarias –que, se quieran o no, son elecciones autonómicas a las que concurren partidos políticos– no es la proporción de votos favorables y contrarios a la independencia sino –y así lo muestran las encuestas y las decisiones de los distintos partidos políticos, con el presidente Mas a la cabeza– la distribución del poder tanto en el mundo soberanista como en el no soberanista.[76] En el segundo caso ("Sí"), si una simple espera de unos meses puede dar al traste con el anhelo masivo de independencia, ¿no sería en realidad este deseo demasiado endeble socialmente como para exigir que se implemente ahora mismo? Por ejemplo, parece difícil imaginar que el afán por establecer una democracia en España después de la muerte de Franco o los deseos por la igualdad racial en los EEUU pudieran haber sido suprimidos por una simple espera adicional de unos meses o años.

---

[75]La elección del 27-S con el objetivo de que el inicio de la campaña coincida con los faustos, pagados por todos, del 11-S y con el deseo inconfesado pero evidente de que el puente de la Mercè desmovilice, ni que sea un poco, a la poco soberanista Barcelona es un ejemplo, uno más, del trilerismo –o audacia– al que nos tiene acostumbrado el presidente Mas.

[76]Algunos estudios parecen indicar que el trasvase continuo –en ambas direcciones– entre CiU y ERC (o las CUP), no se debe a cambios en la autoubicación ideológica de los votantes en el eje "izquierda–derecha" sino a cambios en la percepción de quién, entre aquellos partidos, es más creíble en el propósito de conseguir la independencia de Cataluña [127].

La velocidad a la que cambian las opiniones sobre la forma en que Cataluña debería organizarse es menor que la velocidad a la que cambian los apoyos a los partidos políticos. Sin embargo, pretender inmutables (e independientes del ambiente) los resultados de una consulta –como si estuvieran escritos en el suelo de Cataluña– puede llevar a razonamientos cuanto menos equivocados, cuando no simplemente interesados. En efecto, a pesar de que muchos querrían que un resultado favorable a la independencia en un referéndum de autodeterminación fuera interpretado como un mandato por los siglos de los siglos, ¿alguien cree que los independentistas catalanes renunciarían a seguir intentando obtener (legítimamente) la independencia de Cataluña si el resultado en un referéndum de autodeterminación no les favoreciera? Desde luego no ha sido ése el caso ni en Québec ni, parece, lo será en Escocia [128].

Junto a la existencia del *status quo*, la pretensión de algunos independentistas de convocar referéndums *sine die* hasta que se consiga la proclamación de la independencia de Cataluña refuerza la asimetría entre las posiciones favorables a la independencia y las posiciones contrarias a ella. Desde un punto de vista puramente teórico y al margen de cualquier consideración legal, la independencia de Cataluña o su permanencia en España tampoco son situaciones simétricas en lo que respecta a aquellos ciudadanos que quieren la independencia de Cataluña y a aquellos que prefieren la unión con el resto de España. Para verlo basta darse cuenta de que mientras que la independencia de Cataluña supondría poder escoger entre dos pasaportes (o tener que escoger entre ambos si España declarase ambas nacionalidades incompatibles), la conservación del *status quo* –incluso si fuera como resultado de un referéndum– no supone ninguna elección para nadie [129].

Una posibilidad, la de elegir entre pasaportes incluso si ambos fueran compatibles, que permitiría poder señalizar de manera oficial las preferencias políticas, de manera que se podría llegar a diferenciar legalmente entre un catalán independentista (que quizás sólo tendría pasaporte catalán) frente a alguien que no lo fuera (que, quizás, conservaría el pasaporte español). Sobra decir que, ahora mismo, no es posible diferenciar legalmente entre un catalán independentista y uno que no lo sea. Dada la querencia de ciertos políticos catalanes por elaborar listas de ciudadanos, éste es un detalle que conviene no pasar por alto [130, 131].

Es más, si la independencia de Cataluña supusiera la salida de ésta de la UE y España declarase ambas nacionalidades incompatibles (eventualidad no descartable), los ciudadanos catalanes tendrían que decidir entre conservar el pasaporte español (y con ello el derecho a trabajar sin trabas en todos los países de la UE) y ser extranjero en su propio país, o ser nacional catalán y perder todos los derechos asociados al hecho de ser español. Parece razonable querer anticipar las posibles consecuencias de nuestros actos antes de tomar decisiones que, eventualmente, ayuden a privar a nuestros conciudadanos de derechos de los que ahora disponen (y que algunos de ellos ejercen).

XIII   Permítanme un nuevo ejercicio de lógica. Muchos consideran el derecho a decidir como un derecho universal básico e incontestable.
Un derecho del siglo XXI, dicen.[77] Los derechos, si son universales, deben
poder aplicarse igual para todos. En tal caso, el derecho a decidir debería
ser divisible. Como ya se ha discutido, esto significa que cualquier comunidad concentrada geográficamente debería poder ser titular del derecho
a separarse de la macrocomunidad a la que pertenece. Ya sea Cataluña
del resto de España o Barcelona del resto de Cataluña.

Una objeción razonable a lo que digo es la siguiente: para ser titular de
tal derecho hay que ser una nación y haber manifestado a lo largo de la
historia querer ser distinto del resto. Permítanme hacer dos comentarios
al respecto. Por un lado, cualquier región, ciudad o pueblo puede afirmar
que es una nación, sin que ello le suponga ningún coste. De manera que
quizás al reconocimiento interno ("somos una nación") se debería aña-
dir el reconocimiento externo ("son una nación"). Por ejemplo, el Reino
Unido reconoce a Escocia como nación. Sin embargo, en el caso que nos
ocupa no podemos olvidar que, a pesar de las múltiples declaraciones de
soberanía del Parlament de Catalunya y del preámbulo del Estatut de Catalunya vigente en la actualidad, la legalidad española (y con ella la de la
UE) votada en su momento por una gran mayoría de los catalanes negaba
que Cataluña fuera una nación titular del derecho a decidir. Ni tampoco
podemos pasar por alto que si realmente existen unas ansias mayoritarias
por la independencia, éstas son muy recientes.

Por otro lado, aunque Barcelona tiene una historia propia que la diferencia mucho de Girona, es verdad que los habitantes de Barcelona nunca
han expresado de manera ostensible el deseo de independizarse del res-

---

[77]Tanto el derecho a la secesión en general como el derecho de autodeterminación en
particular han sido analizados desde el punto de vista de la moral y de la filosofía desde
hace mucho tiempo [132]. La discusión que nos ocupa no es, por tanto, nueva en la historia
de la humanidad. A ello volveremos más adelante.

to de Cataluña, como sí han hecho muchos ciudadanos (no una mayoría hasta ahora) en el caso de Cataluña respecto del resto de España.[78] Sin embargo, si el derecho a decidir es un derecho civil colectivo, como afirman muchos de sus partidarios, no parece sensato que el pasado, sobre todo el remoto, tenga que jugar ningún papel. De manera que, siguiendo un razonamiento análogo a aquellos que fundan el derecho a decidir en la libertad civil, ¿por qué no podría El Prat de Llobregat separarse de una Cataluña independiente e integrarse de vuelta en España, a pesar de no existir ahora mismo ningún anhelo por ello?[79] Una vez aprobado el matrimonio entre personas del mismo sexo, a ningún homosexual se le ha requerido probar que toda la vida había querido casarse con otro hombre. Ello hubiera sido absurdo y muy injusto.

Muchos partidarios de la independencia de Cataluña creen que estas disquisiciones constituyen un absurdo ejercicio teórico cuya única finalidad es entorpecer el proceso soberanista. Discutir sobre una posibilidad que nadie reclama supone, dicen, perder el tiempo. De manera que plantear el debate en los términos anteriores es un sinsentido, sobre todo si se hace a la vez que se debate la independencia de Cataluña. Ambas afirmaciones son incorrectas. De un lado, no solamente en Canadá o en España se ha reclamado que si existe el derecho a decidir, éste debe ser divisible: en el reciente referéndum escocés, los líderes políticos de algunas islas que actualmente pertenecen a Escocia –y, por tanto, al Reino Unido– han reclamado su propia capacidad de decidir, al margen de la escocesa [134]. De otro lado, ¿no se trataba, según muchos independentistas, de una cuestión de "radicalitat democràtica"? Según esta argumentación, ¿qué hay más democrático que garantizar en un referéndum de autodeterminación de Cataluña el derecho a decidir a todos los municipios catalanes por se-

---

[78]Las simpatías por la independencia de Cataluña no son igual de intensas en las área metropolitanas de Barcelona y Tarragona en comparación con el resto de Cataluña [133].

[79]Y, quizás, llevarse consigo el aeropuerto.

parado? La esencia del planteamiento de aquellos independentistas que se oponen a la divisibilidad del derecho a decidir coincide con la de aquellos defensores de la unidad del España que consideran que nunca debe haber un referéndum. Para ambos, o bien España o bien Cataluña es la única nación indivisible, leyes y voluntades políticas al margen. Cualquier otra opción carece de sentido para ellos.

Al margen de la divisibilidad del derecho a decidir, debemos considerar otro aspecto controvertido del mismo. Excepto por la titularidad del nombre del país, el derecho de una región a decidir separarse del resto del país es equivalente desde el punto de vista de la Lógica al derecho del resto del país a expulsar a esa región. Un derecho, el de exclusión, que permitiría por ejemplo deshacerse de una región pobre. Aceptar en general (y no sólo *ad hoc* para el caso de Cataluña) el derecho de una región a decidir unilateralmente la secesión conlleva, por tanto, aceptar el derecho a la expulsión. De manera que, quizás, deberían ser más cuidadosos aquellos que hablan del derecho a decidir como de un feliz hallazgo "superdemocrático", porque al hacerlo están justificando otro derecho, a todas luces contrario al espíritu democrático. De hecho, a pesar de que la UE o la zona euro distan aún mucho de constituir un país único, con una única soberanía y en el que exista un gobierno responsable del bienestar de todos sus ciudadanos, ¿no hubiera sido una decisión contraria al espíritu democrático haber expulsado, en la reciente crisis, a Grecia de la zona Euro o de la UE?

Todas estas objeciones al derecho a decidir se unen a las críticas ya formuladas por el canadiense y quebequés Stepháne Dion, quien dice que no sólo es un error identificar independentismo con democracia, sino que, de hecho, la secesión es difícilmente compatible con la democracia. ¿La razón? Una democracia liberal es fundamentalmente un pacto entre ciudadanos y la secesión, sobre todo la unilateral, busca romper el pacto y que aquéllos dejen de ser conciudadanos para pasar a ser extranjeros. Las fronteras, incluso las actuales de la UE, no son neutrales desde todos los puntos de vista. Por ejemplo, una mayoría de europeos tiene más simpatías por los ciudadanos de su propio país que por el resto de europeos. De manera que crear una frontera como la que separaría a Cataluña del resto de España sí que tendría consecuencias, por lo menos desde el punto de vista moral. La razón es que ayudaría a determinar quién es extranjero y quién no entre aquellos que actualmente son ciudadanos de un mismo Estado. Como ya se ha dicho, la necesidad de crear una frontera, aunque sea dentro de la UE, parece ser una necesidad vital para muchos independentistas catalanes. Una necesidad que trasciende a la búsqueda de un Estado más eficiente y justo, algo que sería posible dentro de España de existir la voluntad por todas las partes implicadas. Para muchos, vivir en una Cataluña independiente es un fin en sí mismo.[80]

La analogía recurrente entre el derecho a decidir de Cataluña y el derecho a votar de la población afroamericana en los EEUU no solamente sonroja si se toma al pie de la letra, al desdeñar mediante tal comparación las luchas por los derechos básicos de las personas. También puede llevar a conclusiones posiblemente erróneas. En efecto, creer que en el futuro tendremos poder de voto sobre todo aquello que no podemos votar en actualidad, porque así ha sucedido irremediablemente en la historia y porque votar es la esencia de la democracia, puede inducir a cometer tres imprecisiones. En primer lugar, la gran mayoría de los avances en derechos civiles (sufragio universal, divorcio, aborto, matrimonio entre personas del mismo sexo, etc) adquiridos en el pasado son derechos individuales,

---

[80]De hecho, si las fronteras son construcciones humanas tan inocentes, ¿por qué persiguen con tan ahínco los independentistas crear una en lugar de intentar reformas políticas sin poner en cuestión la continuidad del Estado español? Tensiones territoriales entre regiones de un mismo país a cuenta de la redistribución de los impuestos existen en gran parte de los países de corte federal, muy particularmente en Alemania.

no colectivos. En segundo lugar, en una democracia la justicia no debe ser democrática. La justicia debe ser justa. Así, en las democracias liberales actuales los ciudadanos no tienen derecho a votar la muerte de nadie. Lo contrario sería una aberración, por muy "democrática" que fuera al garantizar que se implementase el deseo de la mayoría. De manera que en toda democracia liberal habrá siempre parcelas que serán ajenas a cualquier proceso de votación. En tercer lugar, al margen del poder judicial, las democracias actuales no se reducen solamente a la posibilidad de votar una serie de cuestiones. Por todos es conocido el lema de la República Francesa: "Liberté, égalité, fraternité". Un lema que conlleva la asunción de unos ciertos principios. Garantizar la indivisibilidad del Estado es otro principio fundamental al que muchos países pueden no estar dispuestos a renunciar.

Para acabar, permítanme una aclaración. Aunque por el momento no sea el caso en prácticamente ningún país, no puedo afirmar con total certeza que el derecho a decidir no se convertirá en el futuro en un derecho presente en todas las democracias liberales. Sin embargo, aunque no lo sé, no lo creo probable. Si Cataluña se independizara próximamente, no obstante, sí podríamos comprobar rápidamente si mi previsión es incorrecta en el caso de que la Constitución del nuevo país, un país creado en el siglo XXI, recogiera tal posibilidad. En cualquier caso, por muy legítimos que sean los anhelos por la libertad de Cataluña o Escocia, no se puede mantener razonablemente que el derecho a decidir en una democracia sea un derecho universal parecido a los derechos individuales a la vida o a votar. Simplemente, pertenecen a niveles distintos. En mi opinión, ello queda bastante claro del análisis anterior.

XIV Usar ejemplos sencillos para explicar fenómenos complejos puede ser a veces una buena idea: ¿qué son, si no, los modelos matemáticos que nos sirven para entender mejor la realidad? Sin embargo, en otras ocasiones puede ser contraproducente si olvidamos que tales ejemplos son una simplificación. La razón es que a veces se puede dar un uso interesado y acientífico de las conclusiones que se derivan de los modelos. En Economía, por ejemplo, la modelización matemática es muy común. Con el objetivo de intentar explicar fenómenos complejos como el crecimiento de la riqueza de los países o las decisiones de los consumidores, una parte de la ciencia económica se dedica a concebir modelos usando las matemáticas. Estos modelos no pretenden explicar toda la realidad. Por el contrario, su objetivo es ayudarnos a entender algunos de los mecanismos que subyacen al mundo real y que no son descifrables sólo razonando. Una comprensión que nos permita responder preguntas como: ¿Con el objetivo de aumentar la recaudación, debemos subir el IVA o bajarlo? ¿Cuáles serían los efectos en las políticas implementadas si la retribución de los políticos estuviera ligada al crecimiento del PIB o a la tasa de paro? ¿Cuál sería el impacto del "Grexit" en Grecia y en el resto de la UE? Sin estos modelos matemáticos, es muy difícil responder tales preguntas.

Sin embargo, no conviene olvidar que se trata de modelos y no de la realidad misma. A ello nos obligan tanto los recurrentes fracasos cosechados por los economistas al predecir el futuro como la honestidad intelectual. Por un lado, a diferencia de la Física, que es una ciencia construida a base de modelos matemáticos que han permitido desarrollar la telefonía móvil o llegar a la luna, los éxitos de la ciencia económica son mucho más exiguos. No porque los físicos sean más listos que los economistas, sino porque el comportamiento humano individual y social es mucho más complejo que muchos de los fenómenos naturales estudiados por la Física. Por otro lado, cualquiera que haya concebido un modelo para tratar de explicar un fenómeno social es consciente de los supuestos que hay que hacer con el fin de solucionarlo. Olvidar tales simplificaciones lleva por tanto a hacerse trampas al solitario. No obstante todo lo anterior, quiero dejar claro que sí creo personalmente que la modelización matemática de las economías y de las sociedades es una de las avenidas a recorrer por la humanidad. Probablemente, el único inconveniente es que estamos al principio del camino. Seamos, pues, pacientes.

En el caso de la relación entre (los ciudadanos de) Cataluña y (los ciudadanos del resto de) España, muchos comentaristas ceden frecuentemente a la tentación de reducirla a una relación de pareja, para así tratar de explicarla de manera concisa mediante ejemplos sencillos. Algunos lo hacen de manera rocambolesca, otros lo hacen aceptando que se trata de una reduccionismo, pero dejando claro que tal simplificación no se distingue en esencia de todos aquellos modelos estadísticos basados en el comportamiento medio.[81] Sin embargo, en el caso concreto que nos ocupa –el de la independencia de Cataluña y cómo decidirla en democracia–, la "parábola de la pareja" es altamente deficiente. Veamos por qué.

En primer lugar, muchos de los problemas en la agregación de preferencias surgen cuando la decisión a tomar atañe al menos a tres individuos. Así, reduciendo el problema de decisión social al de una decisión en el seno de una pareja, se obvian ilusoriamente dichos problemas. En segundo lugar, la sociedad catalana no se caracteriza por una cohesión ideológica interna muy grande; por el contrario, Cataluña (y España) es una nación/sociedad de muchas naciones/sociedades distintas. Reducir tanto España como Cataluña a un solo ente es, por tanto, una simplificación demasiado grosera. En tercer lugar, algunos a veces incluso van más allá y tienden a describir la siguiente situación: ella (Cataluña) se quiere di-

---

[81] De acuerdo con Bernard Shaw, "La estadística es una ciencia que demuestra que, si mi vecino tiene dos coches y yo ninguno, los dos tenemos uno".

vorciar de él (España). Por simple que sea, o quizás precisamente por ello, dicha reducción surte con frecuencia el efecto buscado. Por un lado, ¿cómo no empatizar con una mujer que se quiere separar, incluso si el hombre no es un maltratador? Por otro lado, se ayuda a crear la sensación falaz de que los afectados por una decisión social son conocidos (y, quizás, queridos u odiados) nuestros con los que compartimos vivencias en primera persona. Sin embargo, una decisión social es de una naturaleza completamente distinta: en democracia debemos decidir sabiendo que la mayoría de nosotros no nos preocupamos activamente por el bienestar de casi todos aquellos a los que podemos afectar con nuestra decisión. Ignorar tal distinción hace un flaco favor a la comprensión de la idea misma de sociedad democrática. Por ejemplo, ésta difiere en gran medida de la idea de familia. En cuarto lugar, algunos políticos y activistas persiguen el objetivo legítimo de sentimentalizar el debate con el fin de nublar el raciocinio; para ello se me ocurren pocas metáforas más sugerentes que la alusión a las relaciones, casi siempre intensas, en el seno de una pareja. En quinto y último lugar, sí es cierto que, de acuerdo con muchos estudios, el "anticatalanismo" es una realidad con cierto arraigo en el resto de España: los catalanes son (en media y con gran ventaja) los habitantes de una CCAA española menos queridos por los ciudadanos del resto del país [203, 208]. El recelo entre ciudadanos de distintas regiones –cuya manifestación es el "anticatalanismo", pero también el "desengaño" de los catalanes con sus actuales conciudadanos– mostraría, dicen algunos analistas, la necesidad de que los catalanes y el resto de españoles separásemos nuestros caminos. El análisis crítico de este argumento merece un tratamiento más profundo.

Para empezar, como atestiguan los referidos estudios, el "anticatalanismo" existe desde por lo menos hace 30 años, si no desde mucho antes. De manera que de tales sentimientos negativos no sigue obligatoriamente la necesidad de fundar un nuevo país (Cataluña) basándose en que la alternativa sólo puede ser un país (España) que no puede funcionar a pleno rendimiento a causa del "odio" entre sus partes. Es bueno recordar que, a pesar de estos sentimientos encontrados, la mayoría de sus ciudadanos han vivido en España (y en Cataluña, en particular) en los últimos tiempos (y antes de la crisis del 2008) la época de mayor prosperidad de su historia. ¿Cataluña hubiera sido más próspera de haber sido un país independiente y no una región española? Puede ser que sí y puede ser que no, aunque nunca lo sabremos, pues se trata de un contrafactual. De hecho, existan o no costes (y beneficios) pasados asociados al hecho de que Cataluña formaba (y forma) parte de España, se trata de costes hundidos. De manera que una decisión puramente materialista sobre si Cataluña ha de ser o no un país independiente debería basarse únicamente en los costes y beneficios futuros, nunca en los pasados. Por otro lado, que el "anticatalanismo" político haya dado hasta el momento indudables réditos electorales (véase la campaña contra el Estatut de Catalunya llevada a cabo por el PP de manera desvergonzada y vergonzante), no es óbice para que, tanto a nivel personal como comercial, las relaciones entre la mayoría de catalanes y la mayoría del resto de españoles goce de una gran salud, boicots aparte.

Permítanme una pequeña digresión. La campaña que el PP llevó a cabo contra el Estatut de Catalunya demuestra que la festividad y el pacifismo no están reñidos ni con la infamia ni con la irresponsabilidad [135]. Es decir, desde el punto de vista de las movilizaciones ciudadanas, festividad y pacifismo –valores generalmente esgrimidos como absolutos por algunos partidarios del proceso independentista como Artur Mas– no son suficientes (aunque sí necesarios) para convertir las reclamaciones en peticiones justas; además hay que tener (mucha) razón. Es más, presentar como acostumbra a hacer Artur Mas, a los catalanes como el pueblo pacífico por antonomasia es cuando menos inexacto: mientras que uno de los mayores bastiones del anarquismo durante la Guerra Civil fue Cataluña, está muy documentado el militarismo de los catalanes durante el medievo o, incluso, durante el sitio de Barcelona en 1714 [136]. Por cierto, de otras dos campañas políticas podemos deducir dos conclusiones más que son relevantes en el caso que nos ocupa. Por un lado, la campaña del Tea Party en los EEUU para evitar la obligatoriedad del seguro médico muestra que tampoco son incompatibles los movilizaciones "bottom-up" con los tiros al propio pie de los movilizados: muchos de los seguidores del Tea Party se beneficiarán del Obamacare [137, 138]. Por otro lado, la no manifestación masiva en favor de *Charlie Hebdo* muestra que en Cataluña –como en el resto de España– somos a veces extrañamente selectivos a la hora de escoger aquellas causas que merecen nuestra movilización y aquellas que no [139].

En cualquier caso, asumamos por un momento que es cierto que el clima de recelo entre catalanes y el resto de españoles pone trabas al progreso del país en general y al de todas sus regiones, Cataluña incluida, en particular. ¿Significa ello que los responsables políticos deben dimitir de la posibilidad (o responsabilidad) de crear concordia entre los ciudadanos, una concordia que permita aún un mayor progreso para todos? A nivel de la UE, por ejemplo, existen unos sentimientos de recelo entre los ciudadanos de sus países miembros aún mayores que en el caso de España/Cataluña [140]. ¿Debemos, pues, rechazar en Europa cualquier proyecto que persiga hermanar regiones (y políticas y responsabilidades) a causa de las sospechas, la mayoría basadas en prejuicios falsos, existentes entre muchos europeos? Conviene no olvidar nunca que vivimos en Europa, continente en el que el siglo pasado se cometieron las más grandes atrocidades de la historia de la humanidad. De hecho, ¿no fue creada la UE precisamente con el fin de garantizar la concordia, el bienestar y el progreso a nivel europeo?

Para acabar, un comentario. La "parábola de la pareja" no es la única disponible en la arena pública. Existen muchas otras. Por ejemplo, para describir la relación entre Cataluña y (el resto de) España a veces se recurre a la "parábola del hijo emancipado". De acuerdo con esta fábula, un hijo (Cataluña) se ha hecho mayor y ha decidido marcharse de casa, pero su padre (España) lo quiere evitar a toda costa. Al margen de la utilidad para describir fenómenos como la inconsistencia temporal, esta parábola exhibe sin embargo muchos de los problemas analizados en el caso de la "parábola de la pareja". También manifiesta algunas deficiencias propias. Por un lado, presenta la independencia como algo inevitable y natural, pues el destino de todo hijo es abandonar el hogar de los padres para emprender su propia vida. El destino de Cataluña, sea el que sea, no está escrito en ningún lado. Por otro lado, si Cataluña se ha hecho mayor de edad ahora, significa que antes no lo era. Es decir, políticamente, Cataluña ha sido de acuerdo con esta parábola un niño incapaz de tomar por sí mismo las decisiones que más le convenían. Ello no deja en muy buen lugar a los ciudadanos y políticos catalanes del pasado. Por supuesto, se trata de un absurdo. Para acabar, dado que los padres quieren a sus hijos, de la parábola se deduce que España ama a Cataluña. Este hecho no es compatible con el odio que, de acuerdo con muchos independentistas, profesan los gobiernos de España (y aquellos que los votan) a Cataluña.

3.3 El proceso catalán desde la Teoría de Juegos

XV El argumento al uso para sostener la nula credibilidad de las amenazas de (el resto de) España a Cataluña en forma de veto a la UE se basa en la Teoría de Juegos (no Cooperativos) y es el siguiente [141]: desde un punto de vista puramente materialista, España prefiere que Cataluña no se independice, ya que extrae de ella ciertas rentas, el citado "déficit fiscal". Antes de continuar con la explicación y el análisis de este argumento permítanme no obstante un comentario clarificador. Con el objetivo de tener un modelo manejable, tanto Cataluña como (el resto de) España se considerarán a continuación como entes/jugadores individuales. Aunque ello es una evidente simplificación, puede ayudarnos a entender algunos de los mecanismos subyacentes en los movimientos políticos en relación con la independencia de Cataluña.

Si Cataluña proclama unilateralmente la independencia, continúa el argumento, España tiene dos opciones: vetar la presencia de Cataluña en la UE o no vetarla. Obviando cualquier posible resentimiento hacia sus exconciudadanos, desde un punto de vista puramente materialista, para España es mejor que Cataluña pertenezca a la UE a que no lo haga. Por ejemplo, porque en este último caso el comercio entre Cataluña y España bajaría debido a los aranceles, perjudicando no solamente a Cataluña sino también a España. O porque en este último caso España y Francia deberían construir nuevas autopistas para dar cabida a todo el tráfico entre ambos países sin tener que pasar por Cataluña. A esta última, por su parte, le sale a cuenta la independencia solamente si consigue mantenerse dentro la UE. Como muchos analistas han consignado, las dificultades a corto y medio plazo de una Cataluña independiente fuera de la UE podrían ser enormes.

De todo ello se deduce correctamente de acuerdo con el argumento que si Cataluña toma la iniciativa y se independiza (legal o ilegalmente), entonces una España materialista y racional no impedirá su continuidad en la UE. Una vez consciente de este hecho, a una Cataluña materialista y racional no le queda otra opción que independizarse. Es decir, las amenazas actuales de España de vetar tanto la permanencia como la readmisión inmediata de Cataluña en la UE no son creíbles, pues, llegado el momento, España no las cumplirá. En Teoría de Juegos, una independencia de Cataluña sin un veto de España es el único *equilibrio de Nash (perfecto en subjuegos)*. Sin embargo, deducir de lo anterior que la Teoría de Juegos predice la independencia de Cataluña es aventurado. En efecto, hay ciertos aspectos de este argumento que merecen una discusión.

En primer lugar, como en todo modelo que pretende describir la realidad, el argumento anterior se basa en una serie de supuestos, entre ellos la racionalidad de los jugadores (Cataluña y España) basada únicamente en consideraciones materialistas. Sin embargo, como tristemente demuestra la Historia, tanto los catalanes como el conjunto de españoles pueden actuar "de una manera sentimental", potencialmente en contra de sus intereses puramente materialistas. Es decir, no está claro que ante la eventualidad de una Cataluña independiente, (el resto de) España no actuase de forma vengativa, incluso a costa de perjudicarse a sí misma. De hecho, eliminar cualquier consideración sentimental en el análisis de la independencia de Cataluña parece una asunción muy poco realista.

En segundo lugar, es prácticamente seguro que, al menos a corto plazo, la riqueza sumada entre España y Cataluña disminuiría a causa de la independencia de esta última, entre otras consideraciones por el *efecto frontera*. De acuerdo con este efecto, el comercio entre dos partes se debilita si existe una frontera entre ambas. Al menos a corto plazo, y más en un contexto de crisis como el actual, no parece nada seguro que estas consecuencias negativas en el comercio entre España y Cataluña pudieran compensarse con el comercio con otras regiones del mundo. En Teoría de Juegos, se dice entonces que el anterior equilibrio de Nash (perfecto en subjuegos) es *ineficiente*. Como norma general, parece razonable evitar que se den equilibrios ineficientes.

En tercer lugar, el mundo existe más allá de los Pirineos y perdurará más allá de una hipotética independencia de Cataluña. En Alemania (o en Italia o en Francia) también existen territorios que, en un futuro, podrían tener anhelos independentistas. Además, por poner un ejemplo, a Alemania no le interesa dejar de contar con Baviera, pues esta última tiene un déficit fiscal grande con respecto al (resto de) Alemania. Los procesos políticos se inician a veces a causa de episodios concretos. No es descartable, en particular, que la admisión de Cataluña en la UE pudiera ser la espoleta que alimentara movimientos independentistas tanto en Baviera como en otras regiones europeas. Unos movimientos que, por el momento, no son muy relevantes y que, en una inmensa mayoría, no son solamente materialistas, pues su consolidación requiere siempre de elementos cohesionadores intangibles.

Asumamos ahora que, contando el impacto en la riqueza conjunta de Cataluña y España que supondría la independencia de Cataluña y contando con los efectos que acarrearía en la reputación de los estados involucrados retractarse de anuncios previos, el coste (esperado) de admitir a Cataluña en la UE fuera mayor para Alemania que el coste (esperado) que le supondría a ésta que Cataluña quedase fuera de la UE. Entre otros factores, por un incremento significativo en la probabilidad de que un movimiento independentista se consolidase en Baviera a resultas de la aceptación de Cataluña en la UE. Entonces, llegado el caso en que una Cataluña independiente pidiera el ingreso en la UE, una Alemania materialista y racional bloquearía dicha admisión, con el objetivo de no encender la mecha del independentismo dentro de sus fronteras. Es decir, si me permiten la licencia literaria, Alemania le daría en ese caso una patada a Baviera en el culo de Cataluña. Sin embargo, anticipando este hecho, una Cataluña materialista y racional no proclamará la independencia, porque sabe que si lo hiciera acabaría fuera de la UE. Es decir, la no independencia de Cataluña es en este caso el único *equilibrio de Nash (perfecto en subjuegos)*.

En cuarto y último lugar, como ya hemos visto, los tratados de la UE no son siempre papel mojado. Existe la posibilidad de que, aun con todos los países de la UE en contra de aceptar la exclusión de una Cataluña independiente, ésta quedase efectivamente fuera de la EU por algunos años a causa de los tratados europeos. Esta es una posibilidad normalmente minimizada por algunos independentistas, que reducen todo a una voluntad política, como si las leyes e instituciones políticas fueran completamente irrelevantes, no solamente en la política española sino también en la europea. Además, el lector puede pensar que se trata de una decisión absurda por parte de la UE. ¿Por qué tomaría esa decisión la UE llegado el momento, si tendría la opción de tomar otra decisión mejor para sus intereses: la aceptación de Cataluña en su seno? La Teoría de Juegos puede ayudarnos de nuevo a entender por qué.

Imaginemos la siguiente situación. Dos coches se dirigen en sentido contrario y a toda velocidad a las dos entradas de un puente que dispone de un único carril. Cada coche puede decidir entre dos opciones: frenar o seguir a toda velocidad por el puente. Ambos conductores prefieren llegar lo antes posible al otro lado del puente, pero no quieren chocar con el otro coche y morir. En este juego, que se conoce con el nombre de *Chicken Game*, existen dos equilibrios de Nash. En ambos, uno de los coches entra en el puente y el otro se queda fuera, esperando. A priori, ambos equilibrios son igual de probables. Supongamos, sin embargo, que uno de los conductores decide romper los frenos de su coche –de manera que únicamente tiene la opción de entrar en el puente a toda velocidad– y se lo comunica al otro conductor. Nótese que si éste último decide entrar en el puente, ambos conductores morirán. Sin embargo, ¿qué ocurrirá realmente? Si su conductor es racional, el coche con frenos no entrará en el puente, dejando así pasar al otro coche. Por tanto, el conductor de este último coche habrá conseguido su objetivo: llegar al otro lado del puente lo antes posible.

¿Qué tiene que ver esta situación con la decisión de la UE ante una posible admisión de Cataluña en su seno? En este último caso existen dos equilibrios también: por un lado, la UE amenaza con excluir a Cataluña y ésta no se independiza; por otro lado, Cataluña se independiza y la UE no la excluye. En el juego analizado al comienzo, Cataluña es la que rompe sus frenos proclamando su independencia, de manera que a la UE no le queda más remedio que aceptar su admisión. Es decir, Cataluña se beneficia de haber sido la primera en haber tenido la idea de romper sus frenos. Sin embargo, existe otra posibilidad, quizás más plausible: que la UE (y sus países miembros) ya haya roto sus frenos mediante la redacción y aceptación de sus tratados. Unos tratados que dejan ineludiblemente a una Cataluña independiente fuera de la UE y la obligan a un camino largo para conseguir su admisión, perjudicando con ello también a la UE en tal eventualidad. En esta situación, una Cataluña racional no entrará en el puente. En otras palabras, la no independencia de Cataluña es en este caso el único *equilibrio de Nash (perfecto en subjuegos)*.[82] En consecuencia, mediante la firma y aceptación de unos tratados inflexibles con respecto a la permanencia (o admisión inmediata) de una región que se

---

[82]Formalmente, es el único resultado que se puede dar en un equilibrio de Nash.

separe de un país miembro, la UE habría conseguido reducir el margen de maniobra de los movimientos independentistas en su seno, al menos de aquellos que consideran fundamental su permanencia en la UE. Y con todo ello garantizaría la gobernabilidad de la UE, un aspecto que parece ser de gran preocupación tanto para los políticos europeos como para la opinión pública de la mayoría de países.

XVI Continuemos con la Teoría de Juegos no Cooperativos. Por un lado, supongamos que, como sostienen algunos independentistas y algunos furibundos nacionalistas españoles, Cataluña y (el resto de) España se preocupan solamente de sí mismas. Es decir, asumamos que no existe un sentimiento de Estado común entre ambas partes, hecho que es evidentemente una simplificación demasiado grosera. Por otro lado, por todos es sabido que se han dado boicots de productos en ambos sentidos, aunque de momento únicamente por parte de una minoría muy forofa. Sin embargo, existe la posibilidad de que se generalicen, sobre todo ante la perspectiva de una Cataluña independiente. Claramente, el boicot perjudica seriamente a la parte boicoteada, mientras que es posible que beneficie ligeramente a la parte boicoteadora, en parte por razones sentimentales. Globalmente, el boicot no es conveniente de ninguna de las maneras. De nuevo, aunque sea una evidente simplificación, consideremos que Cataluña y (el resto de) España son jugadores individuales.

Pongámonos por un momento en la piel de Cataluña en este modelo muy simplificado de la realidad, en el que ambos jugadores (Cataluña y España) deben decidir a la vez si se boicotean mútuamente. Sea cual sea la decisión de España, a una Cataluña egoísta le interesa hacer boicot, pues a resultas de éste saldría ligeramente beneficiada. Análogamente, decida lo que decida Cataluña, a una España egoísta le interesa hacer boicot, pues también saldría ligeramente beneficiada. De manera que ambas partes acabarían haciéndose un boicot mutuo. En Teoría de Juegos, esta situación se conoce como el *Dilema del prisionero*, porque aunque ambas partes estarían mejor sin boicot, ambas se boicotean. Es decir, el *equilibrio de Nash* es nuevamente *ineficiente*.

La clave para que se dé este "mal resultado" en el juego anterior es que Cataluña y España sólo deben tomar la decisión sobre el boicot una vez.

Sin embargo, de la Teoría de Juegos sabemos que este "mal resultado" se puede revertir si Cataluña y España se deben encontrar en el futuro un número indeterminado de veces y en cada una de ellas decidir de nuevo si quieren hacer boicot o no. Veamos cómo es posible tal solución al problema.

Imaginemos la siguiente estrategia por parte de España. La primera vez que se encuentran, España no hará boicot a Cataluña. Si esta última tampoco hace un boicot esta primera vez, España no hará boicot la segunda vez que se encuentren. Por el contrario, si Cataluña hace un boicot esta primera vez, beneficiándose ligeramente y perjudicando bastante a España, de la segunda vez en adelante España hará siempre un boicot, perjudicando a Cataluña. En Teoría de Juegos, esta estrategia se conoce con el nombre de *tit-for-tat*. Una vez anticipado el comportamiento de España, una Cataluña a la que le importa el futuro decidirá no hacer boicot en el primer encuentro, pues aunque salga ganando inicialmente, saldrá perdiendo a largo plazo. Por supuesto, Cataluña también puede usar la misma estrategia contra España. De manera que la perspectiva de estar juntos para siempre, una posibilidad inexistente si sabemos que Cataluña se independizará en algún momento venidero, es la que garantiza que no se dé un "mal resultado". En tal caso, el *equilibrio de Nash (perfecto en subjuegos)* es *eficiente*. Es decir, saber que Cataluña no se independizará nunca en el futuro puede tener efectos positivos incluso si ambas partes (Cataluña y España) son egoístas y sólo se preocupan por sí mismas.

XVII Algunos críticos con el independentismo afirman que, a causa de diversos factores como el sistema educativo o el sesgo unidireccional de los medios de comunicación catalanes, en Cataluña existe una "espiral del silencio" [142]. De acuerdo con esta teoría, aquellos catalanes contrarios al nacionalismo catalán (y a la independencia de Cataluña) tienden a autocensurarse al no expresar su opinión política en público. Dando lugar con su comportamiento a dos efectos. Primero, favoreciendo que muchos partidarios de la independencia de Cataluña crean que todos piensan igual que ellos, generando de esta manera entre ellos una falsa sensación de unanimidad, llamada *unanimismo* [72]. Segundo, dicha espiral del silencio habría facilitado que, creyendo que así compartirán creencias políticas con la mayoría de la población catalana, algunos ciudadanos que no eran partidarios de la independencia hubieran decidido convertirse en independentistas.[83] Analicemos con detenimiento todos estos argumentos.

En primer lugar, el único potencial problema en relación con el primero de los efectos –el unanimismo– es que algunos partidarios de la independencia, convencidos de contar con un respaldo casi unánime, calculen incorrectamente sus fuerzas electorales. Ello sucedió en el caso del 9-N, cuya participación –muy alta, pero no abrumadoramente mayoritaria– hizo que muchos independentistas despertaran del sueño en que todo catalán era independentista. Estas creencias equivocadas son hasta cierto punto comprensibles, pues las continuas movilizaciones en favor de la independencia que se han ido sucediendo desde el 2012 han ayudado en gran medida a crear tal sensación de unanimismo. ¿Cómo no creer que todo el mundo es independentista después de asistir a manifestaciones multitudinarias en las que participaban amigos, familiares o compañeros

---

[83]Nótese que este "proceso de conversión" podría ser reversible mediante un mecanismo parecido si la independencia de Cataluña dejase de "estar de moda".

de trabajo? De ahí, de la sensación de unanimismo, quizás la recurrente costumbre que tienen algunos de hablar de la "gente" (independentista) como sinónimo de todos los ciudadanos catalanes.

En segundo lugar, tenemos dos posibilidades: que exista una espiral del silencio o que no exista. En este último caso (aunque no solamente), la sensación de unanimismo únicamente se podría explicar por la existencia de dos comunidades políticas (la favorable y la contraria a la independencia) hasta cierto punto estancas. De hecho, desde el punto de vista geográfico, ello es bastante cierto. Las comarcas interiores de Cataluña registran unos grados de homogeneidad altísimos en relación con el apoyo a la independencia de Cataluña. Ello contrasta con la dispersión de las preferencias políticas en las áreas metropolitanas de Barcelona y Tarragona.

En tercer y último lugar, de ser cierto el segundo de los efectos, i.e., que la espiral del silencio ayuda a convertir en independentistas a ciudadanos que no eran partidarios de la independencia, ello sería conflictivo, sobre todo si tal espiral del silencio fuera potenciada desde medios públicos.[84] ¿Es factible que la espiral del silencio cambie las preferencias políticas de algunos ciudadanos? Para responder a esta pregunta volvamos de nuevo a la Teoría de Juegos (no Cooperativos).

Consideremos la siguiente situación estratégica, conocida como *la Batalla de los sexos*. Los miembros de una pareja deben tomar una decisión para el sábado por la noche: ir a la ópera o ir al fútbol.[85] El viernes ambos discutieron sobre las dos posibilidades sin llegar a un acuerdo claro. El mismo sábado, no obstante, ambos se encuentran en distintos sitios y uno de ellos ha perdido el móvil, de manera que no se pueden comunicar. La

---

[84]A ello volveremos más adelante.
[85]Aunque originalmente la pareja era de un hombre y una mujer, prefiero dejarlo indeterminado.

ópera y el fútbol son exactamente a la misma hora. Por encima de cualquier otra consideración, ambos quieren estar juntos antes que separados. ¿Qué deben hacer? ¿Deben ir al fútbol o a la ópera?

El lector avispado se dará cuenta de que la decisión que cada miembro de la pareja tomará depende de lo que cree que hará el otro. En efecto, si uno de ellos cree que es más probable que el otro haya ido a la ópera, decidirá ir a la ópera. Por el contrario, si uno de ellos cree que es más probable que el otro haya ido al fútbol, decidirá ir al fútbol. De hecho, en este juego existen dos equilibrios de Nash (*en estrategias puras*): o ambos van a la ópera o ambos van al fútbol. Nótese que sin la oportunidad de comunicación, existe la posibilidad de que uno vaya al fútbol y el otro a la ópera. Con la oportunidad de comunicarse, esta posibilidad desaparece, pero las dos opciones, fútbol/fútbol y ópera/ópera, se mantienen.

¿Qué relación tiene la Batalla de los sexos con la independencia de Cataluña y la espiral del silencio? Asumamos que dos ciudadanos catalanes que no tienen unas preferencias muy claras respecto al debate que nos ocupa deben decidir entre apoyar la independencia (ir a la ópera) o no apoyarla (ir al fútbol).[86] Ambos ciudadanos valoran la unanimidad, así que disponen de dos opciones: o los dos son favorables a la independencia o los dos son contrarios a ella. De manera que, como en la Batalla de los sexos, el resultado final dependerá de sus creencias sobre lo que hará el otro. Y es precisamente en este punto donde juega un papel fundamental la espiral del silencio, pues facilita que ambos crean que el otro apoyará la independencia, coordinando de esta manera el voto en favor de esta opción política.

A mi juicio, de esto último son perfectamente conscientes algunos de los partidarios de la independencia de Cataluña. De ahí su querencia por ig-

---

[86]Un argumento parecido puede usarse cuando existe un número mayor de ciudadanos.

norar en la medida de lo posible a los detractores de la independencia de Cataluña dentro de la propia Cataluña, como si no existieran catalanes –millones, de hecho– que pensaran de esta última manera. Por ejemplo, el presidente Mas siempre contrapone los catalanes (independentistas o partidarios del derecho a decidir) al gobierno español, olvidando por completo a los catalanes que no comulgan con sus ideas en relación con este asunto. En este sentido, conviene hacer el siguiente apunte. Tengan o no razón en sus quejas, es indudable que algunas organizaciones que han surgido recientemente en contra de la independencia de Cataluña están erosionando esta (quizás débil, quizás intensa) espiral del silencio. De la existencia de una cierta espiral del silencio da fe, en mi opinión, que los votantes del PP o Ciutadans tiendan a ocultar su voto en las encuestas.

En resumen, sea cual sea el grado en el que existe una espiral del silencio, sea ésta consecuencia de un plan organizado o sea simplemente un resultado espontáneo y no dirigido por nadie, es bastante posible que haya afectado hasta ahora a la evolución del apoyo a la independencia de Cataluña. De hecho, y pesar de la inocencia de los niños y asumiendo la mejor de las voluntades de neutralidad por parte de los profesores, de la que no dudo para nada, parece muy verosímil la hipótesis de que en una parte significativa de las escuelas catalanas se haya dado una coordinación de las creencias de muchos de sus alumnos similar a la descrita para la Batalla de los sexos. En este caso en favor de un sentimiento identitario catalán, del que las ansias actuales por la independencia son un simple corolario.

Ello no convierte al sentimiento nacionalista catalán o al apoyo a la independencia en perversos, ni mucho menos. Por un lado, no se trata –en este caso seguro que no– de ningún plan urdido por gobernantes y profesores malvados. Por el contrario, tal coordinación es simplemente el resultado de las interacciones normales entre niños y niñas –en las que la presión de grupo y la necesidad de aceptación social juegan un papel relevante– en base a lo que escuchan de sus familiares y profesores y en base también a lo que aprenden por otros canales como la televisión o internet. Tratar de establecer cualquier paralelismo entre el anterior fenómeno y el adoctrinamiento que se dio en las escuelas en tiempos de Franco es, por tanto, aberrante y ridículo. Por otro lado, la coordinación de las creencias podría haberse dado masivamente en favor de una opción contraria al independentismo. Sin embargo, en el caso de muchas escuelas catalanas –en la mía en su momento– la coordinación de las preferencias se ha dado en este sentido. Es decir, en facilitar el florecimiento de un cierto sentimiento antiespañol, condición necesaria para que las aspiraciones por la independencia de Cataluña sean mayoritarias.

No dudo de la existencia de escuelas en Cataluña en las que la coordinación se haya dado en sentido contrario, es decir, alrededor de la creencia contra el independentismo. Y, por supuesto, aunque no exista una dicotomía tan clara como en Cataluña, seguro que en las escuelas del resto de España ocurre un fenómeno similar de coordinación en favor del sentimiento identitario español. En cualquier caso, ignorar el papel que inevitablemente tienen en todos los países tanto las escuelas como otras instituciones colectivas (para niños y para adultos) en la formación de las identidades políticas supone ignorar un fenómeno perfectamente real. Pero que sea real no significa que no podamos hacer nada al respecto: se puede y en mi opinión se debe potenciar el pensamiento independiente de los alumnos y el uso de la duda, no sólo sobre las materias de estudio, sino también con respecto a la vida en general y a la política en particular. Y ello solamente se puede conseguir ayudando a que los niños desafíen algunas creencias políticas –que no morales– que los adultos damos por supuestas. Tratar de inculcar a nuestros hijos cierto odio o desprecio por lo español (o lo catalán) es legítimo, faltaría más, pero no fomenta el pensamiento independiente de los mismos.

El sesgo de algunos medios de comunicación (públicos o privados) en Cataluña es innegable, de manera que parece ciertamente posible que ello pueda haber tenido algún efecto en la espiral de silencio, de existir ésta. Además, no es ningún secreto que el poder politico catalán ejerce una indisimulada influencia en la prensa de Cataluña, por ejemplo a través de subvenciones o de publicidad institucional [143]. Por supuesto, presiones parecidas existen también en la prensa que se publica en toda España. Sin embargo, quizás por el tamaño del mercado español (mucho mayor que el catalán) que facilita las economías de escala, quizás por una mayor falta de escrúpulos de los directores de diarios españoles (léase El Mundo o, más recientemente, La Razón y otros periódicos), quizás porque el lector de prensa únicamente catalana no es tan crítico con sus propios gobernantes como el lector de prensa española, o quizás por todo ello a la vez, dos hechos son indiscutibles. De un lado, la prensa española en su conjunto ha sabido ejercer su responsabilidad como cuarto poder en muchas ocasiones, ya sea con el GAL, el caso Filesa o el caso Gürtel. De otro lado, la prensa catalana ha sido incapaz de encontrar ningún caso relevante de corrupción desde que se instauró la democracia. Los últimos acontecimientos indican que oportunidades ha habido. No parece la prensa catalana actual, por tanto, un contrapoder suficiente para el poder político en una hipotética Cataluña independiente.

A diferencia de lo que sucedía hace solamente unos años, parece que en Cataluña no son en general bien recibidos aquellos personajes públicos que, imbuidos en un papel de "bufón", sean capaces de reírse de todo, incluso de los principios más sagrados de toda sociedad, en este caso del nacionalismo catalán. Por ejemplo, las representaciones del grupo teatral Els Joglars –dirigida hasta hace poco por Albert Boadella– dejaron de repente de interesar a los catalanes. Ello sucedió muy seguramente a partir del momento en que una gran mayoría de catalanes –entre ellos muchos periodistas– interiorizó que el genial director teatral –que como otros ilustres catalanes estuvo en la cárcel durante el franquismo– había cruzado una línea de no retorno: ser extremadamente irrespetuoso con el nacionalismo catalán [144, 145]. Irrespetuoso con la idea nacionalista de Cataluña a semejanza de como otros cómicos –entre ellos el tristemente fallecido Paco Rubianes– lo han sido con la idea de España (y con muchas otras). En mi opinión, junto a unos medios de comunicación capaces de fiscalizar a los políticos, toda democracia que se precie necesita también que las ideas de todos sus ciudadanos puedan ser igualmente fiscalizadas. Y para ello son indudablemente necesarios (aunque no suficientes) los "bufones" capaces de ridiculizar cualquier idea (que no persona), ya sea la monarquía, la religión o el nacionalismo. La mera existencia de revistas satíricas como El Jueves –que ha sufrido muchas presiones, aciagas retiradas de portadas incluidas– es a mi juicio positiva para la sociedad [146]. Como regla general, la censura es claramente reprobable. Sin embargo, existen ciertas salvedades cuando se trata de medios de comunicación públicos: al pertenecer a todos los ciudadanos, éstos últimos deben –o deberían– ser más cuidadosos con los mensajes que transmiten.

El poder político en España, en especial cuando es detentado por el PP, ha mostrado una probada tendencia censuradora. El penúltimo capítulo de esta triste crónica es la llamada "Ley Mordaza", aprobada recientemente en solitario por el partido de Mariano Rajoy con la notable oposición del resto del arco parlamentario [147]. En relación con la conveniencia de la censura en democracia, tanto la que es ejercida por los ciudadanos como la que es ejercida por el poder, es necesario tener en cuenta tres aspectos adicionales. En primer lugar, los impulsos censuradores de los gobernantes pueden no coincidir con las preferencias de los ciudadanos. Por ejemplo, la "Ley Mordaza" es rechazada según algunas encuestas por más del 80% de los españoles, mientras que el boicot a Boadella no es el resultado de ninguna ley aprobada por el Parlament de Catalunya sino que es simplemente consecuencia de las decisiones individuales de la mayoría de los catalanes [148]. En segundo lugar, las asociaciones privadas tienen en democracia cierta autonomía para decidir los principios a los que se quieren adherir, siempre que no incumplan el código penal. Por ejemplo, la NBA persigue cualquier indicio de racismo: el propietario de Los Angeles Clippers fue obligado a vender la franquicia después de que se filtrasen algunos comentarios suyos muy ofensivos contra las personas afroamericanas, sin por ello ser perseguido judicialmente [149]. Por su lado, la UEFA no sólo persigue el racismo, como la NBA. También prohibe explícitamente el uso político de sus competiciones, incluso cuando se trata de causas nobles. Esto último ha quedado claro a raíz del expediente abierto –y posterior multa– al Futbol Club Barcelona en relación con la exhibición de banderas *estelades* por parte de sus seguidores en la reciente final que el equipo catalán disputó –y ganó– en Berlin [150]. De manera que los aficionados que, amparados en la libertad de expresión, quieran usar con fines políticos partidistas el altavoz que supone el deporte profesional deben ser conscientes de que hacerlo puede tener sus costes. Si no quieren pagar estos costes, pueden expresar sus opiniones políticas fuera de los estadios, como hacen muchos otros ciudadanos. En tercer y último lugar, un problema crucial con la censura es que, a pesar de que muchas veces sea deseable desde un punto de vista de la inmensa mayoría de la ciudadanía, es una caja de Pandora: se sabe lo que se empieza a censurar pero nunca se sabe lo que se acabará castigando. Y aunque muchos países prohiben explícitamente la negación del Holocausto (Francia o Alemania) o el enaltecimiento del terrorismo (España), en mi opinión no conviene ir mucho más allá.

De la importancia de la crítica mordaz a los fundamentos de toda sociedad son muy conscientes los ciudadanos franceses, por poner otro ejemplo. De ello da fe la defensa de *Charlie Hebdo* tras el ataque terrorista que sufrió la revista. A mi modo de ver, la poca predisposición a soportar a los "bufones" sólo puede denotar, cuando es muy mayoritaria, que la sociedad en cuestión no es todo lo libre que podría (y debería) ser. Por supuesto, con el objetivo de que el papel de los "bufones" en la sociedad sea beneficioso, no debemos dar trascendencia a sus provocaciones más allá de la simple broma ni debemos asignarles el papel que en toda sociedad corresponde a los pensadores, los políticos o los artistas (y, de acuerdo con la tesis de este libro, a cada uno de nosotros). Los "bufones", con un comportamiento muy diferente al de la mayoría de los ciudadanos, simplemente deben ayudarnos a ser capaces de reírnos de nosotros mismos, como individuos y como miembros de la sociedad [151]. Nada más. Y nada menos.

XVIII   Algunos partidarios de la independencia de Cataluña

tienden a percibir (y a describir) al Estado español como un conjunto de

instituciones montadas contra los catalanes y, sobre todo, contra los inde-

pendentistas catalanes, a los que a veces identifican con los primeros. Tal

injusticia haría muy indispensable, argumentan, la necesidad de tener un

Estado que no los discrimine. Sin embargo, en relación con el diseño de

las instituciones españolas, esta queja es bastante inexacta, especialmen-

te en lo relativo al trato que el Estado dispensa a los independentistas

catalanes (o vascos, gallegos o canarios).

Ciertamente, en España, como también en Alemania o Francia, existen

preceptos constitucionales que, interpretados de manera muy estricta,

podrían ser usados potencialmente con el fin de dificultar la participa-

ción política normal de partidos abiertamente independentistas [152]: en

España, *"Su creación [de los partidos políticos] y el ejercicio de su activi-*

dad son libres dentro del respeto a la Constitución y a la ley"; en Alemania

[153, 154], *"quedan prohibidas las asociaciones que se dirigen contra el or-*

den constitucional" y *"son inconstitucionales los partidos que [...] tiendan*

[...] a poner en peligro la existencia de la República Federal de Alemania";

en Francia [155], *"los partidos y agrupaciones políticas deben respetar los*

principios de la soberanía nacional". Afortunadamente, tales preceptos le-

gales no han impedido que hasta el momento existan en España partidos

independentistas, como en Francia o Alemania aunque solamente en Es-

paña jueguen estos partidos un papel relevante a nivel estatal. Este último

hecho no debe ser ignorado pues, a mi juicio, constituye en realidad una

buena prueba de estrés de la diversidad política amparada por la legalidad

española.[87] Aunque ansiada seguramente por algunos, tal posibilidad de

---

[87]El caso de Herri Batasuna no es directamente comparable al resto de casos debido a
los probados vínculos que han existido con ETA. Por ejemplo, Aralar, también abiertamente
independentista pero carente de tales vínculos, no ha tenido nunca las mismas dificultades
para participar en elecciones.

exclusión no está en la agenda de ningún partido político con un mínimo de poder en España.

Otro aspecto legal que debe tenerse en cuenta al analizar el tratamiento que el Estado español dispensa a los partidos independentistas es la ley electoral (estatal). Dos aspectos de ésta son especialmente relevantes en este análisis. Por un lado, existen 52 circunscripciones. Por otro lado, no existe un umbral de votos a nivel estatal que sea necesario sobrepasar para obtener representación parlamentaria (éste existe únicamente para cada circunscripción). Junto a los votos de los ciudadanos y el número de diputados por circunscripción, estas dos características combinadas han garantizado hasta ahora que partidos cuyo voto está concentrado geográficamente (CiU, PNV o ERC) hayan obtenido muchos más escaños que otros partidos como IU, con muchos más votos distribuidos por toda España. Es decir, hasta ahora el Congreso de los Diputados no ha representado de manera proporcional los intereses de los españoles.

Generalmente, el principio de proporcionalidad (que cada voto valga lo mismo) es aceptado como un principio indispensable de la democracia. Existen, no obstante, razones para incumplirlo, como por ejemplo la necesidad de favorecer a los partidos mayoritarios, para facilitar la gobernabilidad, o a los partidos "regionalistas", para tener en cuenta el hecho que existen "minorías nacionales". Así ocurre, por ejemplo, en España. En el Cuadro 3.6, se muestran cuántos votos fueron necesarios para que cada partido obtuviera un escaño en el Congreso en relación a cuántos votos fueron necesarios para que el PP obtuviera un escaño. Es decir, 1 quiere decir que el partido correspondiente ha necesitado el mismo número de votos que el PP para obtener cada uno de sus diputados.

Nótese que tanto PNV como CiU están igual de bien (o mal) representados como el PSOE (y prácticamente como el PP). Ciertamente, ERC sale un

PP	PSOE	CiU	IU	Amaiur	UPyD	PNV	ERC	BNG
1	1,09	1,09	2,62	0,82	3,92	1,11	1,47	1,57

Cuadro 3.6: "Precio relativo" para algunos partidos en la legislatura 2011-2015.

poco perjudicada, aunque Amaiur no. Es decir, no se puede mantener que el sistema español sea contrario a los partidos nacionalistas regionales. En cambio, sí se puede afirmar que partidos como IU o UPyD han salido hasta ahora muy perjudicados.

Otro aspecto relevante del sistema electoral español es que, aunque ello ha ocurrido en algunas elecciones, no está especialmente diseñado para favorecer la existencia de mayorías absolutas, como es evidente a la luz de los últimos cambios en las preferencias políticas. En Francia, mediante el sistema de doble vuelta, o en Grecia, mediante el "premio" que se le da al ganador de las elecciones, el diseño electoral sí que está orientado a garantizar la concentración del poder. Cuando se da una mayoría absoluta la situación es muy fácil de describir: el partido con mayoría absoluta tiene todo el poder, al menos en el parlamento. Sin embargo, ¿cuánto poder tiene cada partido cuando ninguno de ellos tiene mayoría absoluta?

Para responder a esta pregunta necesitamos apoyarnos en la Teoría de Juegos Cooperativos. Imaginemos por un momento la siguiente situación: en un parlamento con 11 diputados en el que están representados tres partidos, el partido A tiene 5 diputados, el partido B tiene otros 5 y el partido C tiene 1. Nótese que ningún partido llega a la mayoría absoluta, fijada en 6 diputados. ¿Cuál es el poder de cada partido? Una lectura rápida puede hacernos creer que los partidos A y B tienen mucho más poder que el partido C. Sin embargo, cada pareja de partidos (AB, AC o BC) puede formar una coalición con mayoría absoluta. Es decir, parece razonable afirmar que los tres partidos tienen en realidad el mismo poder en el parlamento.

La primera formalización de una medida de poder en los parlamentos corrió a cargo de un reciente premio Nobel de Economía, Lloyd Shapley [219]. Tal medida se conoce con el nombre de *Índice de Shapley-Shubik*.[88] En el caso de España, CiU ha llegado a tener el mismo índice de Shapley-Shubik que el PP, por ejemplo en la legislatura 2004-2008 pese a que contaba con aproximadamente una décima parte de sus diputados. Cómo se ha usado (o malgastado) ese poder –del que seguro no dispondrían los nacionalistas catalanes en el Parlamento europeo de ser Cataluña un país independiente– es una pregunta que debería responder CDC.

---

[88]Existen otras posibilidades para calcular el poder que tienen en cuenta que no todas las coaliciones son posibles por cuestiones ideológicas.

XIX   Como ya hemos dicho, una de las críticas frecuentes de algunos independentistas es que Cataluña (léase los catalanes) aporta al Estado mucho más de lo que recibe. El principio general mediante el cual cada uno recibe lo que aporta es muy atractivo. La razón es que genera incentivos para que cada uno de nosotros se esfuerce, haciendo que la economía de un país crezca de manera global. Y con ello repercute positivamente en el bien general, siempre que se dé una cierta redistribución de la riqueza. En Economía, se acostumbra a decir que cada uno debe recibir su *contribución marginal*. Este principio se puede aplicar tanto para personas como para regiones.

Como veremos a continuación, la Teoría de Juegos Cooperativos nos ofrece una posibilidad de formalizar el concepto de contribución marginal de una manera que es relevante desde el punto de vista de la redistribución entre las distintas regiones de un país. Permítanme una aclaración. Mi objetivo no es explicar la realidad sino únicamente presentar una serie de ideas que puedan ayudar al lector a entender por sí mismo cómo de justa o de injusta es la redistribución entre las distintas comunidades autónomas (CCAA) del Estado español. Así, con el fin de facilitar la presentación, consideraremos a partir de ahora la siguiente situación ficticia con tres regiones: (A)ndalucía, (C)ataluña y (M)adrid. Asumamos, además, que cada una de las regiones puede crear un cierto valor, ya sea sola o junto a las otras, de acuerdo con el Cuadro 3.7.

A	C	M	AC	AM	CM	ACM
20	30	25	55	50	75	100

Cuadro 3.7: Una economia imaginaria.

Es decir, aunque Cataluña y Madrid solos producen 30 y 25 respectivamente, ambas regiones producen 75 conjuntamente. Este es un supuesto razonable, pues existen sinergias entre regiones y economías de escala.

La pregunta ahora es, ¿cómo deben repartirse los beneficios que producen las tres regiones juntas entre cada una de ellas? La primera idea que seguramente le venga a la cabeza al lector es repartir los 100 proporcionalmente a lo que cada región produce. En nuestro caso, esta solución da lo siguiente:

A	C	M
27	40	33

Cuadro 3.8: Reparto proporcional del pastel.

Esta posibilidad presenta un problema, pues a Madrid y a Barcelona se les da 73, que es menos de lo que ambas regiones producen conjuntamente. De manera que, de existir el derecho a decidir, ambas regiones podrían ejercerlo e independizarse y así obtener los 75 que generan por sí mismos. El reparto en el Cuadro 3.9 tiene la propiedad de que ninguna región ni ningún par de regiones tienen incentivos para independizarse.[89]

A	C	M
22	46	32

Cuadro 3.9: Reparto estable del pastel.

Sin embargo, ya sabemos que, al menos de momento, el derecho a decidir –i.e., el derecho de autodeterminación– no existe en España. En particular, el Estado español podría darle los 100 a Madrid, si así quisiera. Ello sería no obstante ostensiblemente injusto. Cuando existe un ente global que puede decidir cuánto recibe cada jugador, ¿podemos encontrar una manera de repartir el pastel de manera que se tenga en cuenta la contribución marginal de cada región? La respuesta es afirmativa y nos la da, de nuevo, Lloyd Shapley, mediante la generalización del índice de

---

[89]El lector ágil con las matemáticas se dará cuenta inmediatamente de que existen infinitas posibilidades de repartos estables.

Shapley-Shubik para juegos cooperativos arbitrarios en lo que se conoce como *Valor de Shapley*.

Para ello debemos definir qué es una contribución marginal. Nótese que Madrid por sí sola produce 25 y Andalucía por sí sola produce 20, mientras que Andalucía y Cataluña (AC) producen 55 y Cataluña y Madrid (CM) producen 75. Es decir, Cataluña añade $35 = 55 - 20$ a lo que genera Andalucía, mientras que añade $50 = 75 - 25$ a lo que genera Madrid. Por tanto, la contribución marginal de una región, en este caso Cataluña, varía en general en función de qué otras regiones se consideran. El siguiente cuadro contiene todas las contribuciones marginales.

	A	C	M	AC	AM	CM
A	0	25	25	0	0	25
C	35	0	50	0	50	0
M	30	45	0	45	0	0

Cuadro 3.10: Contribuciones marginales.

Imaginemos ahora una habitación vacía. Primero, entra (un representante de) Cataluña y se lleva su valor, 30. Segundo, entra Madrid y se lleva su contribución marginal a Cataluña, 45. Tercero, entra Andalucía y se lleva su contribución marginal a Cataluña y Madrid, 25. Nótese que los pagos anteriores dependen del orden en que entran las regiones en la habitación. Shapley tuvo la siguiente brillante idea: tomar la media del anterior procedimiento sobre todos los órdenes posibles en los que pueden entrar las regiones. Ello da el reparto del Cuadro 3.11.[90]

En resumen, no siempre un reparto proporcional a las contribuciones in-

---

[90]Tres comentarios. Primero, el valor de Shapley cumple unos principios (técnicos) muy atractivos y es, además, la única solución que los cumple [219]. Segundo, al margen del valor de Shapley existen otros muchos valores. Del estudio axiomático de ellos se ocupa una rama bastante activa de la Teoría de Juegos Cooperativos. Tercero, el valor de Shapley puede dar pagos que no sean estables.

A	C	M
23,4	40,8	35,8

Cuadro 3.11: Reparto del pastel de acuerdo con el valor de Shapley.

dividuales es la solución que respeta de una mejor manera el *principio de las contribuciones marginales*. Dado que en la economía de un país existen diferentes sinergias entre regiones, con el objetivo de respetar dicho principio debemos tener en cuenta la información relativa a las contribuciones de todos los conjuntos formados por las distintas regiones. El valor de Shapley nos ofrece una manera muy razonable –no la única– de agregar tal información.

Un comentario final. Soy consciente de que en el caso que atañe a la redistribución de la riqueza en el Estado español, elicitar la información relativa a las contribuciones marginales de las CCAA no es fácil, aunque tampoco es imposible. De hecho, incluso determinar la contribución individual de cada CCAA no es trivial, por al menos dos razones. Por un lado, ya hemos visto que contablemente el cálculo exacto de la contribución fiscal de una región depende de los supuestos que se hagan. Por otro lado, la economía catalana se enmarca –se quiera o no– dentro de la economía española, de manera que no es posible saber exactamente cuál sería el PIB catalán ahora mismo en el caso en que Cataluña fuese independiente, aunque tal valor sí puede estimarse. Es por todas estas razones que he optado por una economía ficticia. Con ella he tratado de explicar la utilidad que, a mi juicio, tiene de la Teoría de Juegos cooperativos para entender el principio según el cual las regiones de un país deben recibir lo que generan sus ciudadanos.

3.4   Otras miradas críticas al proceso catalán

XX   ¿No nos debería preocupar a todos, partidarios y detractores de la secesión, que ambas opciones recibieran el mismo trato de los
poderes públicos, que son de todos, en especial de los medios públicos?
¿Alguien con un mínimo de objetividad puede afirmar que en Cataluña
(y en España) se dan tales condiciones? Basta enchufar TVE o TV3 cinco
minutos para darse cuenta de que no. No me refiero sólo a la pluralidad
de los puntos de vista en programas informativos, que algunos estudios
apuntan mayor en el caso de TV3 que en el de TVE. Me refiero también
a los esfuerzos continuados de TV3 –y de todos los medios de la CCMA–
por situar (y no sólo en informativos o tertulias políticas) en el centro del
debate la independencia de Cataluña y en hacerlo de una manera ostensiblemente no neutral [156].

No pretendo establecer una relación causal (en ninguna dirección) entre
el sesgo indudable de los medios públicos catalanes y el auge (también
indudable) del independentismo, pues tanto su constatación como su re-
futación requieren de un análisis cuya dificultad trasciende al presente
ensayo. Mi preocupación es menos intrigante intelectualmente, aunque
más relevante desde el punto de vista normativo: no parece descabella-
do afirmar que una gran mayoría de los ciudadanos opinan (y aciertan
en opinar) que la parcialidad de los medios de comunicación (sobre todo
los públicos) lesiona la calidad de nuestra democracia. Es cierto que, obviando la titularidad de los medios, la falta de objetividad de un medio
concreto podría en principio ser compensada por la variedad de opiniones proporcionadas por el conjunto de medios. Sin embargo, no es este
el caso en Cataluña, donde la correlación entre voto y el (generalmente
único) medio usado para informarse parece ser, sobre todo en el caso de
los nacionalistas catalanes, muy alta.

	Total	PPC	CiU	ERC	PSC	ICV	C's	CUP
TV3	41,7	2,1	63,7	78,4	18,5	41,2	0,6	52,8
La Sexta	10,6	5,3	3,4	4,5	16,4	31,7	8,5	25,8
TVE 1	10,1	43,0	5,2	1,1	14,5	0,5	26,7	0,0
Tele 5	10,1	15,8	3,8	1,4	21,6	4,3	29,0	0,0
Antena 3	7,7	14,9	2,0	0,4	14,1	0,0	10,9	0,0
Canal 3/24	4,5	1,6	6,3	7,2	0,8	2,3	4,3	15,1
Cuatro	2,8	2,5	1,2	0,8	4,0	3,8	8,5	0,0
8TV	1,9	0,0	4,5	2,2	1,2	2,1	0,0	0,0

Cuadro 3.12: Recuerdo de voto en función del canal de televisión en el que se ven los informativos, en tanto por ciento (Fuente: BOP, CEO, 2015).

	Total	PPC	CiU	ERC	PSC	ICV	C's	CUP
RAC 1	25,7	0,0	36,8	36,4	10,9	8,6	0,0	43,8
Cat Radio	25,3	7,6	34,9	46,4	11,0	14,7	10,6	22,6
SER	17,8	7,6	3,6	2,9	45,2	54,9	35,1	15,7
COPE	3,8	7,6	4,4	0,0	8,0	0,0	10,6	0,0
RNE	3,6	0,0	3,4	0,0	6,0	3,5	8,6	0,0
Cat Info	2,8	0,0	0,7	7,1	0,0	0,0	12,2	2,0
Onda Cero	2,0	45,8	2,0	0,0	0,7	0,0	1,6	0,0

Cuadro 3.13: Recuerdo de voto en función de la radio en la que se escuchan los informativos, en tanto por ciento (Fuente: BOP, CEO, 2015).

De manera que, voluntariamente o no, muchos de los partidarios de la independencia, aunque también muchos contrarios a ella, no se ven expuestos, ya sea directamente o bien indirectamente a través de su entorno, a opiniones que pongan en entredicho sus convicciones. No parecen éstas las mejores condiciones en las que tomar una decisión tan trascendental como la de separar a Cataluña del resto de España o, por el contrario, mantener el *status quo*. Para entender mejor por qué, imaginemos la siguiente situación.

Los (aproximadamente) 7 millones de catalanes se disponen de la siguiente manera: 5 millones en un lado del Tibidabo, que llamamos A, y 2 millones en el otro lado, que llamamos B. Aunque algunos catalanes prefieren cambiar de lado, pocos de ellos quieren "hacer el esfuerzo" de subir la montaña para así hacer efectivo el cambio. Ahora imaginemos que empezamos a subir el nivel del suelo en el lado A y, a la vez, bajamos el nivel del suelo en el lado B. De esta manera será más fácil que aquellos ciudadanos del lado A que quieran estar en el lado B hagan efectivo el cambio, a costa de dificultar el cambio de lado de aquellos ciudadanos del lado B que quieran estar en el lado A.

A crear esta asimetría dedican, en mi opinión, (casi) todas las energías tanto asociaciones como la ANC o Òmnium Cultural –por ejemplo escondiendo los riesgos asociados a la independencia– como gran parte de los medios de comunicación catalanes, lamentablemente los públicos, esperando que así aparezca la mayoría social que permita declarar la independencia. Al margen de que parece que dicho proceso no ha dado, al menos aún, los frutos esperados, gastar grandes cantidades de energía en "desnivelar la montaña" puede tener efectos imprevistos, algunos de ellos ya vistos en el análisis de la "espiral del silencio". Así nos lo indica también la naturaleza: un proceso similar de desnivelación se da en la pérdida de memoria de los discos duros de los ordenadores cuando se someten a un intenso campo magnético.

XXI ¿No deberíamos entre todos hacer un esfuerzo mayor para evitar pervertir el lenguaje, y que palabras como nazi, fascista, democracia o libertad, con una significación muy clara a la luz de la historia de la humanidad, no fueran usadas a la ligera, desacreditando sobre todo al que las usa? Porque no debemos engañarnos, la situación en Cataluña no es buena, pero afortunadamente no vivimos ni en la España franquista ni en el sur de EEUU antes de la recuperación de los derechos para la población negra, ni, por supuesto, en la Alemania nazi. En concreto, no parece razonable defender que los ciudadanos catalanes somos menos libres que los ciudadanos del resto de España ni de otros países occidentales. Es más, dudo de que en una Cataluña independiente fuéramos menos libres como ciudadanos de lo que lo somos ahora. Pero tampoco creo que lo seríamos más. Así, confundir la libertad individual, que es el bien más preciado del que podemos disponer hombres y mujeres, con la "libertad de un pueblo" no lleva más que a minusvalorar a aquélla, y con ella la lucha de todos aquellos que, como Rosa Parks, sí han luchado de verdad por conseguir que en el mundo más personas fueran libres.

A veces las palabras que se usan en política esconden, más allá de los conceptos que pretenden explicar, ciertas trampas. Así, por ejemplo, ¿no es más fácil oponerse al derecho de autodeterminación que al "dret a decidir", concepto este último deliberadamente sentimental y genérico y por eso tan cautivador?[91] Un término recientemente creado con el único propósito de alcanzar la independencia de Cataluña, que indudablemente seduce (¿a quién no le gusta poder decidir?) y que –y esto es más grave– engaña al hablar de un derecho que no es posible ejercer (como no lo es en prácticamente ningún país del mundo, tampoco en Escocia), en lugar de hablar de una aspiración legítima [157]. Una aspiración a la que, es

---

[91]El derecho de autodeterminación no tiene nada que ver con la aspiración romántico-nacionalista de que a cada nación le corresponde un Estado, sino con otra situación muy concreta: el colonialismo.

verdad, el Reino Unido, a diferencia de España, sí decidió dar voz.

Un terreno, por cierto, el del lenguaje, al que los nacionalismos han dado siempre una gran importancia. De ahí el uso, siempre calculado, de las palabras "Estat espanyol" en lugar de "España" y de "Catalunya" en lugar de "Comunidad Autónoma Catalana", o viceversa. Como si Cataluña fuera una construcción natural y España fuera una construcción humana, o viceversa. O la frecuente utilización en el caso del independentismo catalán (repásese cualquier discurso del presidente Mas en los últimos dos años para encontrar cientos de ejemplos) de "Ellos" y "Nosotros", que resume tan perfectamente la esencia, conflictiva y unidimensional, del nacionalismo: o estás conmigo o estás contra mí. Porque, en verdad, sólo de eso y de nada más trata siempre el nacionalismo; de dibujar una línea en base a ciertos principios básicos que parta el mundo en dos y de ser capaz, aunque algunos no queramos, de situarnos a todos a un lado u otro. Tristemente, esa es, en mi opinión, una de las grandes victorias del nacionalismo catalán. Haber convencido a una parte significativa de los ciudadanos catalanes de la utilidad de tal división.

Ya que hablamos de lenguaje, permítanme una pequeña digresión. En un afán puramente "marquetiniano", los arietes del independentismo catalán se han esforzado últimamente en generar, quizás involuntariamente, una lista de palabras clave que han dado en configurar algo parecido a una "lengua independentista". Unas palabras para el consumo interno de los independentistas que sirven, como cualquier lengua, para la identificación de los mismos tanto interna como externamente. Así, al margen del citado "dret a decidir", palabras o expresiones como las siguientes, entre muchas otras, han adquirido una significación especial en el cosmos nacionalista: "unitat", "societat civil", "procés", "mandat democràtic", "estructures d'estat", "eines", "desconnexió", "ens hi juguem molt", "dèficit fiscal", "no ens falleu", "ni un pas enrere", "no importa el qui, sinò el què, el com i el quan", "radicalitat democràtica", "el poble ha decidit", "legalitat versus legitimitat", "llista de país", etc.[92] Escúchense o léanse declaraciones recientes de los partidarios de la independencia y verán como, con inusitada precisión, la mayoría de los discursos se reducen a juntar, cual puzzle, algunas de las expresiones anteriores.

Se trata por tanto, y sin ninguna duda, de una buena campaña de marketing, pues ha permitido uniformizar el lenguaje independentista hasta un grado difícilmente superable. No digo que los contrarios a la independencia –como los votantes progresistas o los conservadores– no tengan mantras, que los tienen. Sin embargo, de acuerdo con mi experiencia no existe entre estos últimos una uniformidad tan pronunciada en el discurso, al menos en el público. Dado que la uniformidad en el discurso no parece ser un síntoma de una sociedad abierta y plural, es razonable preguntarnos si tal campaña de marketing no pueda resultar dañina socialmente a largo plazo, incluso para los independentistas. Veamos dos ejemplos del porqué.

Por un lado, la "unidad" de los independentistas denota una concepción cerrada de la vida política, al facilitar que muchos, incluso de buena fe, excluyan de la realidad a aquellos que no comparten sus ideas, como si no existieran (o peor, como si vivieran en Madrid). De hecho, muy frecuentemente subyace en las discusiones políticas la idea de que los políticos nacionalistas catalanes son meros instrumentos para implementar un mandato divino/popular. De ahí las críticas feroces y generalmente sinceras a todo aquello que dificulte la "unidad", como si los detalles en que ésta se consiga no importen o como si la política entendida como el arte noble de la negociación no fuese más que un impedimento para conseguir

---

[92]Respecto a la tensión entre legalidad y legitimidad, recomiendo este artículo de Francesc de Carreras, [158], así como este artículo de Josep Joan Moreso, [159].

la independencia de Cataluña. ¿Por qué se quiere un Estado "clásico", i.e., un Estado con políticos que representen activamente a los ciudadanos, si lo único que se necesita es un intérprete de los deseos unánimes e infalibles del pueblo catalán?[93] Por supuesto, no quiero negar el valor del acuerdo en sí mismo. Por ejemplo, las reformas del sistema educativo en democracia en España han adolecido, a diferencia del caso de Cataluña, de una virtud: el consenso entre los grandes partidos políticos que garantizase su estabilidad.

Por otro lado, la "societat civil" independentista, con tantos lazos e intereses como la unen al poder nacionalista catalán, aunque perfectamente legítima, no deja de ser un lobby que trabaja en pos de un objetivo.[94] Las sociedades sanas acostumbran a tener anticuerpos que las defienden ante los lobbies. ¿Tiene la sociedad catalana esta capacidad de autodefensa?

De hecho, en especial a todos aquellos aficionados a las teorías de la conspiración, ¿no existe la posibilidad de que algunos de los más activos militantes, a ambos lados pero sobre todo en el bando que propone romper el *status quo*, no persigan una agenda oculta? La independencia de Cataluña está respaldada por un movimiento de base, muy amplio aunque para nada unánime, por mucho que algunos ciudadanos afectados de unanimismo se resistan a admitirlo. Pero también es cierto que la independencia beneficiaría mucho más a unos que a otros. Y no es tan difícil imaginar a quiénes sí beneficiaría.

---

[93] En honor a la verdad, la identificación absoluta con los "deseos del pueblo" no es exclusiva de los nacionalistas catalanes, ni siquiera de los nacionalistas en general: "tentaciones populistas" existen en diversas intensidades en el caso de muchas ideologías.

[94] Recomiendo este artículo, delicioso, de Valentí Puig sobre la "societat civil" catalana: [160].

XXII No quiero negar todo valor a las ideologías colectivistas (o colectivizadoras) que no sitúan al individuo en el nivel jerárquico más alto.[95] Por ejemplo, dichas ideologías llevan por definición a la confraternización entre aquellos que pertenecen a un mismo colectivo y proporcionan a muchos de sus miembros una razón adicional (no la única) que da sentido a sus vidas. De hecho, son muchas las personas en el mundo que sinceramente aman a su país. Y el amor, sobre todo el correspondido, nos hace generalmente felices. Por supuesto, no tengo nada contra la posibilidad de que alguien –nacionalista o no– sea feliz. Y si el nacionalismo catalán es una fuente de felicidad para algunos ciudadanos catalanes, no hay razón para que se lo combata desde las instituciones del Estado, como tampoco se combaten las creencias religiosas. Porque, continuando con la declaración de independencia de EEUU, *"...that [all men and women] are endowed [...] with certain unalienable Rights, that among these are Life, Liberty and the pursuit of Happiness"*. A todo ello debe ayudar sin duda cualquier Estado que se precie.

Tampoco es cierto que el nacionalismo como ideología no esté –o haya estado– asociado algunas veces a movimientos que han contribuido a hacer un mundo mejor, a semejanza también, por ejemplo, del cristianismo. En efecto, el "nacionalismo cívico" se encuentra en el origen de la democracia en Europa y en el mundo: George Washington o los revolucionarios franceses eran nacionalistas.[96] Incluso el propio nacionalismo catalán –a diferencia del español– sirvió durante la dictadura de Franco y los primeros años de la democracia para canalizar esfuerzos que hicieron de la sociedad catalana –e incluso de la española– mejores comunidades en las que vivir. Además, parece verosímil creer que la lengua y cultura ca-

---

[95]No me refiero a filosofías sobre el sentido de la vida; me refiero al principio según el cual los gobernantes (y sus políticas) deben situar al individuo (y sus derechos) en el centro de sus responsabilidades y preocupaciones –en oposición al principio según el cual es el colectivo (y sus derechos) el que debe ocupar una posición preferente.

[96]Agradezco a Dídac Macià Bros estos ejemplos.

talanas –que constituyen indiscutiblemente un bien cultural de un valor incalculable– hubieran desaparecido sin los nacionalistas catalanes.

Sin embargo, no podemos obviar que las sociedades en las que aquéllos vivían –y que querían cambiar– no eran democracias, como sí lo son Canadá, el Reino Unido o España en la actualidad. No es éste un detalle menor, pues nos impide establecer, al menos sin tomar las suficientes precauciones, un paralelismo entre épocas y situaciones muy distintas. Así, nadie está dispuesto a aceptar que el proceso catalán degenere en violencia y, sin embargo, por millones se cuentan las muertes sobre las que se ha cimentado la democracia liberal actual, surgida entre otros de aquellos movimientos nacionalistas. En este sentido conviene recordar que, aunque no sea un peligro real de momento en el debate sobre la independencia de Cataluña, en democracia las "mayorías", por muy grandes que sean, no pueden decidir unilateralmente cualquier cosa que se propongan, sobre todo si se trata de cercenar derechos básicos de ciudadanos pertenecientes a la "minoría".[97]

La Declaración de Independencia de los EEUU –de la que ya hemos visto algunos pasajes– es invocada frecuentemente como fuente de legitimidad para declarar hoy en día la independencia unilateral de Cataluña. Veamos otro pasaje de la misma: *"When [...] it becomes necessary for one people to dissolve the political bands which have connected them with another [...] a decent respect to the opinions of mankind requires that they should declare the causes which impel them to the separation. [...] Prudence, indeed, will dictate that Governments long established should not be changed for light and transient causes; [...]. But when a long train of abuses and usurpations [...] evinces a design to reduce them under absolute Despotism, it is their right, it is their duty, to throw off such Government, and to provide new*

---

[97]A ello volveremos más adelante.

Guards for their future security".

¿Cuáles eran las causas para declarar la independencia respecto del Reino Unido en el caso de los colonias británicas en suelo americano? Algunas pueden resultar familiares para algunos: la no provisión de suficientes bienes públicos, léase inversiones, y la influencia en las decisiones judiciales. Sin embargo, otras causas no pueden ser expuestas sin ruborizarse como razones que sostengan en la actualidad la separación de Cataluña respecto del resto de España: la disolución de la autonomía, el impedimento de que todos los ciudadanos participen en política, el bloqueo del comercio con otras partes del mundo, la declaración de una guerra, la devastación de las ciudades o la aniquilación de la población. ¿Son las primeras causas –quizás junto a otras– suficientes para justificar la independencia de Cataluña a los ojos del mundo?

Aunque es recomendable que cada uno extraiga sus propias conclusiones, es necesario mencionar que la Filosofía, el Derecho y la Ciencia Política se han ocupado, sobre todo en los últimos tiempos, de estudiar las condiciones (necesarias y suficientes) que se deben dar para que un territorio tenga derecho ora a la independencia unilateral ora a decidir su futuro (lo que conocemos como el derecho a decidir) [132]. Como es razonable, debe existir un umbral de razones en favor de la secesión a partir del cual sea posible aceptar el derecho de una región a ésta. La cuestión clave, no obstante, es: ¿dónde debe quedar situado este umbral?

Existen diferentes teorías que fijan el umbral a distintos niveles. De acuerdo con la filosofía del derecho internacional, la posibilidad de secesión unilateral queda circunscrita a los territorios coloniales. De acuerdo con Allen Buchanan [196], el principio de integridad territorial de un país está por encima, salvo en circunstancias excepcionales como la violación continuada de derechos individuales básicos, del derecho a la secesión.

Otros autores como Daniel Philpott sostienen que la democracia, en tanto que mecanismo para solucionar conflictos dentro de la sociedad mediante la regla de la mayoría, debería poder aplicarse a cualquier problema, en particular a la posibilidad de secesión de una región, ya sea ésta Cataluña, Barcelona o Cantabria [206]. De acuerdo con Christopher Wellman, para saber si un territorio puede optar a la secesión basta con determinar si los dos Estados que surgirían de la secesión podrían ejecutar las funciones básicas y fundamentales de cualquier Estado [213]. De acuerdo con las ideas nacionalistas románticas, toda nación tiene derecho a tener un Estado. Finalmente, en el caso de Kosovo se arguyó que para proclamar la independencia bastaba, junto al apoyo de la mayoría de la población del territorio que se quiere separar, con la existencia de violaciones sistemáticas del principio de autonomía, aunque no afectasen a derechos individuales.

XXIII   Me resisto a dejar de comentar la creencia, bastante extendida, de que un país nuevo nos hará a todos mejores. Al margen de la posibilidad, no descartable, de que en un país nuevo muchas cosas pudieran funcionar mejor, al poder aprender del pasado, creer que un simple cambio de pasaporte nos hará trabajar mejor, estudiar más o defraudar menos, no es más que un autoengaño. Un autoengaño muy cercano, por cierto, a tantas ilusiones colectivas que en la historia han sido. Ilusiones de las que seguro sí deberíamos aprender, pues la naturaleza humana no cambia solamente por desearlo.[98] No debemos olvidar que tal oportunidad para empezar prácticamente de cero la tuvimos los catalanes hace relativamente poco, justo después de la transición. Y entre todos, algunos más que otros, entre aquéllos muchos independentistas de nuevo cuño, vertebramos un comunidad autónoma con prácticamente las mismas virtudes y vicios que el Estado que tantos dicen aborrecer.

En la opinión de algunos independentistas la mera creación de un Estado catalán conllevaría aún más beneficios. Así, por ejemplo, existe la creencia de que una vez constituido Cataluña como país independiente tras la celebración de un referéndum, incluso si fuera con una mayoría muy exigua en favor de la independencia, se acabaría el debate nacional (España versus Cataluña) como por arte de magia. Este hecho, dicen, permitiría centrar a partir de entonces todos los esfuerzos en la clásica dicotomía "izquierda–derecha". De los modelos de *Political Economy* sabemos que muchos problemas asociados a la agregación de preferencias en democracia aparecen cuando existen al menos dos dimensiones políticas relevantes, de manera que, de acuerdo con estas creencias, la independencia eliminaría de un plumazo estos obstáculos. A mi modo de ver, esto no es más que otra ilusión. En países como Letonia, por ejemplo, tal dualidad

---

[98]Los catalanes tuvieron recientemente una oportunidad de oro, que resultó parcialmente fallida, para demostrar su renovado patriotismo mediante la compra de los llamados "bonos patrióticos".

no ha desaparecido después de la proclamación de la independencia.

Al margen de que es poco probable que las divergencias sobre las preferencias nacionales desaparezcan de un día para otro, este argumento es además tramposo, pues abona la idea de suspender momentáneamente las discusiones sobre políticas concretas hasta que Cataluña no se haya constituido como país independiente. Ello beneficia en principio a los partidos políticos homogéneos (ERC, CUP, Ciutadans o PP) y perjudica a los heterogéneos (PSC, ICV o la recientemente dividida CiU), de manera que se trata ante todo de una táctica política, por supuesto legítima, para acaparar más votos [161].[99]

Este afán por simplificar la realidad tiene otras manifestaciones. Así, algunos opinadores han empezado a poner etiquetas ridículas. En este sentido, "español" se usa a veces como sinónimo de malo. Por ejemplo, de acuerdo con aquéllos, la corrupción es española. Es decir, como no se puede negar que existan catalanes que han sido corruptos, se opta por la siguiente explicación: la corrupción ha ocurrido únicamente porque Cataluña es parte de España, y ésta ha "contaminado" a aquélla [162]. Una vez independientes, sigue el argumento, también la corrupción desaparecerá de Cataluña como por arte de magia. Se trata sin duda de un argumento demasiado simple como para ser tomado en consideración.

De hecho, este pensamiento reduccionista ha llevado a algunos al extremo de calificar a Jordi Pujol como "español". Con todas sus sombras, y al margen de cualquier otra consideración política o moral, algo es indiscutible. Jordi Pujol es el padre de la patria catalana moderna y la persona que más ha contribuido a que a día de hoy estemos (para bien o para mal) en la situación en la que nos encontramos respecto a la posibilidad de que

---

[99]Por supuesto, existen muchos otros factores que afectan a los resultados de las elecciones. En cualquier caso, no dejaba de resultar sorprendente que Artur Mas (que era el máximo responsable de la extinta CiU) abonase este discurso.

Cataluña sea independiente. Según José Bono, Jordi Pujol dijo durante su etapa como presidente que *"La independencia es cuestión de la próxima generación y nosotros tenemos que preparar el camino con la lengua, la bandera y la enseñanza"* [163]. Fueran pronunciadas o no por el expresidente de la Generalitat de Catalunya, estas palabras parecen ser un acertado resumen de lo que en parte ha sucedido en Cataluña durante las últimas décadas.

Para acabar, conviene recordar que Jordi Pujol ha legado muchas otras enseñanzas políticas, como por ejemplo la utilidad de identificarse personalmente con Cataluña. Artur Mas, que no todo el independentismo catalán, está pretendiendo usar esta misma táctica política que tanto éxito le dio a Jordi Pujol. Es natural que lo intente, pues es seguramente la única alternativa de que dispone para mantenerse en el poder, y no me atrevo a descartar que sea efectiva también en este caso. Por el momento ha conseguido convencer a ERC –uno de los partidos que podía apartarlo de la presidencia de la Generalitat de Catalunya– y a algunos insignes miembros de la "sociedad civil" para que se integren en su lista. El papel que juegan éstos últimos en la lista tiene, al menos en parte, un indisimulado fin cosmético. La razón es que de resultar exitosa dicha lista, Mas será investido presidente de nuevo [164].

¿Hemos aprendido los catalanes la lección sobre el peligro que supone la identificación de un político con Cataluña? No parece seguro, pues Artur Mas sigue siendo muy valorado por el electorado catalán –aunque ciertamente menos que el autoproclamado "antisistema" David Fernández. Muy valorado por supuesto entre los votantes de CDC pero también entre los de ERC y las CUP –sobre todo en comparación con el resto de electores [165]. Y aunque las razones por las que muchos catalanes darán su voto a Mas en las próximas elecciones son muy variadas e incluyen sin duda el apoyo a una declaración unilateral de independencia, la proclame quien la proclame, negligir el componente personalista que Mas ha impreso al proceso soberanista catalán desde que decidió ponerse al frente del mismo es una ingenuidad. Quizás el 27-S seremos capaces de resolver la anterior duda.

XXIV Es un lugar común –en ningún caso infundado– que en España falta cultura democrática, debido en gran medida a que la democracia española es aún joven. Pero los catalanes, en tanto que españoles, no somos ajenos a ello [166]. Veamos algunos ejemplos tanto a nivel español como catalán.

Por un lado, aquellos que se consideran guardianes de las "esencias españolas" –entre ellos algunos de los miembros del actual gobierno español– son incapaces de imaginar (o plantearse intelectualmente) siquiera la posibilidad de acordar un referéndum para la separación de Cataluña. No la consideran incluso si tal posibilidad pudiera canalizarse a través de un debate racional dentro del Estado de Derecho, a semejanza de lo sucedido en otros países con una más larga tradición democrática. Como no contemplan tampoco la posibilidad, que sería sin duda justa aunque costosa, de dar tratamiento efectivo al catalán, vasco y gallego de lenguas españolas, a semejanza del castellano.[100] Que el porcentaje de ciudadanos con tales visiones monolíticas sobre cómo debe ser el Estado español es en mi opinión cuestión de tiempo.

Al margen de mostrar un ufano desconocimiento, las actitudes refractarias a la diversidad de muchos "esencialistas españoles" producen el efecto contrario del objetivo que dicen perseguir, como se ha podido comprobar tantas veces. ¡Qué poca amplitud de miras y que manía tienen algunos de tratar de imponer al Estado su visión (centralista, españolista y católica)! Por ejemplo, siempre que se respetase el derecho del deportista a poder escoger libremente, ¿por qué no se permite en todos los deportes, como ya sucede en algunos, la posibilidad de que las selecciones autonómicas puedan participar en competiciones internacionales? La respuesta es sencilla: no porque la legalidad española lo impida o porque tal decisión

---

[100]Existen varias maneras efectivas de hacerlo [167].

implicase necesariamente la disolución del Estado español, sino porque los costes electorales a corto plazo para el gobierno que autorizase que una selección española se enfrentase a una selección catalana en una Eurocopa de fútbol serían con toda probabilidad significativos. La dificultad para ponerse en la piel de otros impide a algunos llegar a comprender que existan ciudadanos españoles que no se emocionen al ver una bandera española y que, en cambio, sí lo hagan al escuchar El Cant dels Segadors, el himno de Cataluña. O a no comprender que existan otros ciudadanos que no usen el castellano prácticamente nunca en su vida diaria [168]. Por su parte, también es verdad, existen algunos catalanes que no entienden que otros catalanes no sientan estima por la *senyera*. De hecho, como ya he dicho con anterioridad, de acuerdo con mi experiencia muchos nacionalistas (catalanes o españoles) no comprenden de ninguna manera que haya ciudadanos que no sientan aprecio alguno por ninguna bandera.

Cabe recordar de nuevo que un Estado debe –o debería– estar al servicio de todos sus ciudadanos, se sientan como se sientan. Ya hemos visto que no parece razonable mantener que el diseño del Estado español favorezca la discriminación de los partidos independentistas. Al margen de las leyes, para evaluar la cultura democrática existente en un país debemos tener en cuenta las actitudes políticas tanto de los ciudadanos como de los partidos políticos en relación, por ejemplo, a partidos contrarios a algunos de los pilares básicos aceptados por la mayoría de la ciudadanía. En España, y pesar de la furibunda oposición de parte de la opinión pública española (y parte de la catalana), ERC –un partido que nunca ha escondido su objetivo de conseguir la independencia de Cataluña– ha llegado a ser socio parlamentario del PSOE cuando éste estaba en el gobierno. Una situación similar es difícilmente imaginable en muchos otros países europeos. Ello no quiere decir, ni mucho menos, que la política española sea completamente tolerante con el "distinto". De hecho, no lo es. Así lo demuestra la recompensa electoral que todavía tiene –o que algunos todavía creen que tiene– remarcar la catalanidad de alguien con el objetivo de restarle votos [169]. O que algunos, en un ejercicio supremo de ignorancia, tachen de "nazi" a cualquiera que no comparta una visión nacionalista española del mundo. Estas actitudes tan poco respetuosas con la diversidad tienen su correspondencia especular en Cataluña, donde el PP –a pesar de haber sido socio parlamentario del partido de gobierno, CiU, durante varias legislaturas hasta el 2012– o Ciutadans son vistos por muchos ciudadanos catalanes como partidos "anticatalanes" y "extranjeros" o muchas veces incluso, dando muestras el que lo hace de una supina ignorancia, como "fascistas".

En resumen, en el respeto a la diversidad España no es Suiza, país este último con un notable y extendido sentimiento patriótico-nacionalista y caracterizado no obstante también por una genuina diversidad (política y lingüística) que es reconocida y preservada oficialmente. Por ejemplo, parece ser que la capitalidad de Berna se decidió como un compromiso entre la pujanza de Zurich y de Lucerna. En el caso de España, al margen de las trabas que pondría el personal administrativo, a ciertas dificultades legales (que podrían solventarse con una muy mayoritaria voluntad política) y a los (gracias a internet cada vez menores) costes asociados a la ausencia de concentración geográfica, ¿cuál es la razón que impide que ciertas instituciones del Estado se encuentren fuera de Madrid, por ejemplo en Barcelona?[101] No se me ocurre una manera más eficaz para reforzar los lazos entre Cataluña y las otras CCAA españolas que, por ejemplo y como llevan pidiendo algunos a ambas bandas del Ebro desde hace mucho, trasladar el Senado a Barcelona [171].[102] Curiosamente, la oposición a

---

[101]La paralización del traslado de la Comisión del Mercado de Telecomunicaciones obedeció a algunas de estas razones [170].

[102]Por supuesto, existen otros referentes como Francia o el Reino Unido. En mi opinión, no son modelos idóneos para organizar y repartir el poder en el Estado español.

este tipo de medidas hermana a dos perfiles de ciudadanos políticamente muy distintos: aquellos que no quieren en Cataluña nada que tenga que ver con España pues consideran que aquélla es completamente ajena a és-ta, incluso si se trata de una decisión que beneficiaría a los catalanes;[103] aquellos que consideran que cualquier política que favorezca a Cataluña es una cesión inaceptable que socava aún más la debilidad de España co-mo "nación", incluso si se trata de políticas que fomenten la unión entre españoles y que, como tales, favorecen la pervivencia del Estado español.

Por otro lado, muchos independentistas usan de manera distinta el concepto de "minoría" –y los derechos de que sus miembros deberían disponer– en función de quién pertenece a ella, si los catalanes inde-pendentistas en España o los catalanes no independentistas en Cataluña. También son incapaces a veces de ser leales ni siquiera a algunas leyes aprobadas por el propio Parlament de Catalunya, cuya soberanía es la única que dicen reconocer, por lo menos si éstas entorpecen su (único) objetivo [174]. Y lo que es más preocupante, muchos de ellos se han autoconvencido –y tratan de convencer a otros– de que España es una dictadura. O en su defecto un Estado con una calidad democrática tan baja sin parangón en el resto de la UE en la que no existe el Estado de Derecho y en la que se pisotean sistemáticamente todos sus derechos. Evi-dentemente, tal simplificación no persigue un diagnóstico objetivo de los (numerosos e indudables) problemas del Estado español, la mayoría por cierto presentes en Cataluña, sino el realzamiento de su opción política –el independentismo– por oposición al, según ellos, ínfimo nivel de la demo-cracia española. ¿Qué valor moral tiene cumplir la ley en una dictadura? Evidentemente, ninguno.

El problema es que el Estado español, con todos sus defectos, no es de

---

[103]Los JJOO de Barcelona 92 contaron con la oposición de algunos activistas independen-tistas [172, 173].

ninguna manera una dictadura. Para que se hagan una idea, en algunos rankings de democracia, por ejemplo en el proporcionado por The Democracy Ranking Association, España se encuentra actualmente entre los 20 países más democráticos del mundo, concretamente en el puesto 17, por delante de países como Portugal, Japón, Italia, Grecia o Israel y justo por detrás de EEUU y Francia [104]. Ciertamente, reducir la calidad de una democracia a un índice (i.e., a un solo número) es una simplificación muy grande. De ahí que, generalmente, sea conveniente disponer de más de un índice, así como de los rankings basados en éstos. Por poner otro ejemplo, en el ranking proporcionado por The Economist en base al "Democracy Index", España se encontraba en 2012 en el grupo de los 25 países del mundo en que la democracia es "plena" [166]. De acuerdo con la revista británica, una democracia es "plena" si "[...] not only basic political freedoms and civil liberties are respected, but these will also tend to be underpinned by a political culture conducive to the flourishing of democracy. The functioning of government is satisfactory. Media are independent and diverse. There is an effective system of checks and balances. The judiciary is independent and judicial decisions are enforced. There are only limited problems in the functioning of democracies."

Concretamente, de acuerdo con The Economist, España se halla en el último puesto, muy cerca de EEUU y de Japón, de este selecto grupo formado por las democracias plenas que sorprendentemente (o no) incluye a países como Uruguay, Costa Rica o Mauricio y al que no pertenecen países como Portugal, Francia, Italia, Grecia, Chile, Israel, Croacia o México.[104] El referido "Democracy Index" se construye a su vez sobre cinco indicadores: (1) procesos electorales y pluralismo, (2) funcionamiento del gobierno, (3) participación política, (4) cultura política y (5) libertades civiles. Cu-

---

[104]Para que no se me acuse de ventajismo, es cierto que existen otros índices en los que España no sale tan bien parada, aunque en ningún caso se pueda decir que se trata de una dictadura [175].

riosamente, España obtiene una gran puntuación en dos categorías –(1) y (5)– que dependen del diseño de las instituciones políticas, diseño que se originó en la tan denostada Constitución española de 1978. Por el contrario, España obtiene una puntuación bastante más baja en otras dos categorías –(3) y (4)– que son fundamentalmente una responsabilidad de los ciudadanos (y de los políticos). De manera que, si realmente queremos mejorar el funcionamiento del Estado y de sus CCAA, los ciudadanos españoles, incluidos los catalanes, deberíamos ser quizás más autocríticos y no recurrir sistemáticamente a la Constitución española como origen y explicación de todos los males.

XXV En relación con la última de las reflexiones de este capítulo, permítanme en primer lugar un comentario clarificador sobre la "desobediencia civil". Empecemos por la definición que se da de este término en el King Center [176]: *"Civil disobedience is the active, public, conscientious breach of the law to bring about a change in law or public policy"*. Este concepto, acuñado en realidad por Henry David Thoreau en 1848, avala la posibilidad de desafiar la legalidad cuando ésta entra en conflicto con las propias creencias morales.

Como es sabido, en una democracia, y en particular en España, existe el derecho de los ciudadanos a desobedecer una ley concreta que se considere injusta. Así, la propia legislación establece generalmente el precio (nada, una multa, una inhabilitación o, incluso, una pena de cárcel) a pagar para aquel ciudadano que lo haga. El objetivo de la desobediencia civil no es saltarse una ley, sino poner de manifiesto la injusticia de ésta saltándosela. Y, de esta manera, concienciar a la población al respecto de tal injusticia. De ello eran perfectamente conscientes, por ejemplo, tanto Martin Luther King en relación con las leyes que amparaban la discriminación racial en los EEUU como los primeros insumisos en España en relación con el servicio militar obligatorio. Todos ellos tuvieron que soportar penas de cárcel como resultado de sus decisiones [177, 178]. Gracias a su lucha tenaz (y a la de muchos otros) hoy en día no se puede discriminar legalmente en función del color de la piel en ningún lugar de los EEUU o no existe la "mili" en España. A ellos, por tanto, todo mi reconocimiento, pues se sacrificaron por cambiar algo que consideraban (y en mi opinión era) injusto.

Respecto a la desobediencia contra las aberrantes y deshumanizadoras leyes que permitían la segregación racional en los EEUU, no debemos sin embargo pasar por alto otros aspectos del proceso que culminó en su abolición. En efecto, junto y gracias al sacrificio personal de todos aquellos que luchaban contra tales leyes, el Tribunal Supremo (TS) jugó un papel importante al allanar el camino para que aquellos esfuerzos fructificaran. Así, un año antes de que Rosa Parks no se levantara de su asiento en Montgomery, Alabama, el 1 de diciembre de 1955, los miembros del TS habían aprobado por unanimidad la sentencia *Brown vs Board of Education*.[105] Con esta y otras sentencias emitidas en el lapso de aproximadamente una década se revocó, primero a nivel federal y a continuación a nivel estatal, la doctrina que permitía la existencia de leyes que amparasen la segregación en cualquier ámbito en función del color de la piel. De manera que Rosa Parks pudo triunfar donde desgraciadamente otros no lo habían conseguido antes gracias, también, a la ley. No a la ley de Alabama, pero sí a la ley federal. Una cobertura legal, esta última, que a su vez era resultado del empuje del movimiento por los derechos civiles de la población afroamericana. En resumen, justicia y legalidad evolucionaron de la mano. Así sucede –o debería suceder– en las democracias liberales.[106]

De hecho, ¿qué es justo y qué es injusto en una democracia? Ciertamente, cada uno de nosotros acostumbra a tener un concepto de justicia propio, generalmente compartido con otros ciudadanos aunque no siempre de manera unánime. A mi juicio, concebir un sistema propio de valores es una responsabilidad moral individual, no solamente en tanto que ciudadanos sino en tanto que seres humanos. Sin embargo, cuando distintos ciudadanos tenemos opiniones divergentes sobre la justicia de una acción, ¿qué salida nos queda? En una democracia liberal sólo una: es justo lo que establece la ley, aunque personalmente pensemos lo contrario. Así,

---

[105]La sentencia *Brown vs Board of Education* hace referencia en realidad a cinco casos que el TS agrupó en uno solo [179]. La sentencia se basó, entre otros fundamentamentos jurídicos, en que los sistemas de escuelas separadas para blancos y para negros violaba la 14ª enmienda, ya entonces vigente de la Constitución de los EEUU.

[106]Todo ello queda perfectamente explicado en este artículo, certero y sucinto, de Francesc de Carreras: [180].

¿es justo que en los EEUU exista la pena de muerte? Lo es de acuerdo con la ley, pese a que a los ojos de muchos sea una aberración. Cuando desaparece el respeto a los procedimientos establecidos legalmente, desaparece la democracia.[107] En especial cuando son los gobernantes los que desobedecen las leyes. La razón es que, mientras que los ciudadanos podemos optar por la desobediencia civil, los políticos no están legitimados para ello en el ejercicio de sus funciones como gobernantes. La confusión entre gobernantes y gobernados (y los derechos u obligaciones de ambos) no hace ningún favor a la democracia [181].

En efecto, así como los ciudadanos tenemos derecho a hacer todo aquello que no está expresamente prohibido en las leyes, los gobernantes solamente tienen derecho a hacer en tanto que gobernantes aquello que está expresamente estipulado en ellas. Lo contrario conduce a la arbitrariedad del poder y es el primer paso al totalitarismo. Es más, si los políticos –junto con sus votantes, aun si éstos constituyen una mayoría– pueden determinar sin seguir los procedimientos sancionadores y cauces legales correspondientes qué es justo y qué no es justo, ¿dónde queda la separación de poderes? Sin embargo, no debemos caer en el conformismo ni en la desesperación. En democracia, los caminos para cambiar las leyes existen y son muy claros: la elección –mediante el voto de los ciudadanos– de políticos para que modifiquen las leyes siguiendo los cauces legales, la Política –incluyendo la desobediencia civil– para convencer a la mayoría de la ciudadanía de la conveniencia de tales cambios y el recurso a las instancias judiciales. Junto con ciertas sentencias judiciales en relación con la corrupción o con los desahucios, los cambios recientes en los equilibrios de poder que se han dado en ciudades como Madrid y Barcelona muestran que –aunque para nada libres de dificultades– la vigencia de los tres caminos anteriores sigue en pie [182].

---

[107]En el Estado español, la legitimidad de las leyes emana de la Constitución, cuya legitimidad proviene a su vez del poder constituyente, i.e., de todos y cada uno de los españoles.

En relación con el derecho a decidir y la desobediencia de la legalidad española, debemos prestar especial atención a una serie de elementos. En primer lugar, el reclamado derecho a decidir no es individual como los derechos anteriores, sino colectivo. Tal diferencia no puede ser obviada: por afectar a un grupo y debido a la disparidad de preferencias de sus miembros, una decisión colectiva, sea la que sea, beneficia a una parte y perjudica a otra. El principio del "velo de ignorancia" de Rawls, ya comentado, sugiere que los criterios de justicia que rigen toda decisión en democracia no pueden fundamentarse en la identidad concreta de los "ganadores" ni de los "perdedores" que tal decisión determinará. La propuesta unilateral de los independentistas es una flagrante violación de este principio, ya que perjudicaría a muchos de los catalanes que no son partidarios de la independencia de Cataluña.

En segundo lugar, debemos cerciorarnos de quiénes son los encargados de los actos de desobediencia. Como hemos visto, los gobernantes no están legitimados para llevarlos a cabo. Por ejemplo, respecto al proceso participativo que tuvo lugar el 9-N y que recientemente ha sido declarado inconstitucional por el TC, hubiera sido absurdo haber hecho pagar un precio, por pequeño que fuera, a más de dos millones de ciudadanos [183]. La razón es que éstos, equivocados o no, no incumplieron la legalidad. La ley en cuestión atañe al comportamiento de los responsables políticos, no al de los ciudadanos.

En tercer lugar, aceptemos por un momento que la propuesta de los políticos independentistas de "crear una nueva legalidad", al margen de la actual, se puede entender como un acto político legítimo. Entonces, ¿por qué se llevan algunos las manos a la cabeza por una posible inhabilitación del presidente Mas a resultas de la organización final del 9-N? Como si tal posibilidad fuera una prueba, una más, dicen, de que el Estado español es totalitario, pues no hay nada más democrático que votar, sea en las condiciones que sea. El propio Artur Mas reclamó a ojos de todos como suya la organización de la consulta, seguramente con el fin político de atribuirse un tanto electoral. De manera que, ¿incluye el proceso soberanista catalán la desobediencia civil? Si es así, a nadie debe sorprender que alguien tenga que pagar algún precio. Porque creer que un Estado como el español, con razón o sin ella, va a permitir que se incumplan sus leyes fundamentales sin oponer resistencia (de momento fundamentalmente judicial, quién sabe si pronto también política, esperemos que nunca militar) supone simplemente vivir alejado no sólo de la *real politik* sino de las ideas mismas de democracia y Estado de Derecho.

En honor a la verdad, la incomprensión de los límites a los que están sometidos los gobernantes en relación con la desobediencia de las leyes no es patrimonio exclusivo de los políticos independentistas catalanes. Así, Ada Colau, recientemente elegida alcaldesa de Barcelona, ha declarado que *"Desobedeceremos [por el Ayuntamiento de Barcelona] las leyes que nos parezcan injustas"* [184]. Mucho más grave aún es el incumplimiento de la Ley de la Memoria Histórica por parte del PP, partido responsable de un sinfín de otras violaciones de la legalidad [185]. Todos estos ejemplos –ya sean declaraciones de intenciones o hechos probados– dañan la calidad de la democracia española.

Uno de los sucesos relacionados con el proceso soberanista catalán que ha recibido más atención mediática es el del juez Santiago Vidal, recientemente suspendido por la redacción de un borrador de Constitución para una hipotética República Catalana. El caso de Vidal presenta varias diferencias con respecto a la imputación de Artur Mas por la celebración del 9-N. En efecto, la suspensión del juez Vidal no es fruto de una decisión judicial, sino de una decisión política por parte del órgano de gobierno de los jueces, el cual, emulando algo parecido a un "tribunal de honor", tomó por muy ajustado margen tal decisión [186]. El propio juez anunció que recurriría su inhabilitación al Tribunal Supremo, seguramente consciente de que la propia Constitución española, a diferencia de lo que sucede en otros países como Alemania, garantiza la posibilidad de una revisión total de la misma. Es más, aunque parece evidente que en el estamento judicial existe un sesgo ideológico conservador en relación con toda la población española (en parte por la manera en que se determina quién puede ser juez y quién no), el sistema judicial español ofrece garantías en lo referente a los derechos fundamentales, que son los invocados en este caso. Así lo afirma por ejemplo el *WJP Rule of Law Index* en 2014 [187]: a pesar de ocupar un discreto y muy mejorable puesto número 24 mundial en relación con la calidad global del sistema judicial, el Estado Español ocupa el puesto número 16 en el mundo en relación con la protección de los derechos fundamentales amparados por la Declaración de los derechos humanos, por delante de países como Canadá, Francia, Japón, Italia o Estados Unidos.

Mezclar entre sí la inhabilitación del juez Vidal con los casos judiciales a cuenta del 9-N (e incluso con la decisión del TC sobre el Estatut de Catalunya) solamente puede hacerse desde la ignorancia o con la intención de crear una sensación (falsa) de que el sistema judicial español actúa permanentemente en contra de los intereses de cualquier ciudadano catalán o institución catalana. Este último hecho es manifiestamente falso: en los 18 meses previos al mes de mayo del 2013, el TC dirimió 34 litigios entre las instituciones centrales del Estado español y la Generalitat de Catalunya, dando la razón total o parcialmente a ésta última en 28 ocasiones. Dicha fecha coincide con el cambio de presidencia en el alto tribunal y con la radicalización de un gobierno catalán aparentemente deseoso de recoger negativas judiciales para "carregar-se de raó", de ahí quizás el cambio de tendencia: desde esta fecha el TC ha dado la razón total o parcialmente a la Generalitat de Catalunya en 14 de los 28 litigios [188].

De acuerdo con la Constitución española, el papel del TC no es hacer política en el mismo sentido que los gobiernos y las distintas cámaras legislativas. Esto no quiere decir que el TC no influya en las decisiones políticas, siendo este hecho común en la mayoría de democracias liberales. Por ejemplo, así ha sucedido recientemente en los EEUU en relación con la sentencia del más alto tribunal americano (el TS) mediante la cual se ha garantizado el derecho constitucional a los matrimonios entre personas del mismo sexo: muchos republicanos han acusado al TS de hacer política por haber anulado la decisión ratificada en referéndum de muchos estados que habían prohibido el matrimonio entre gays [189]. Algunos republicanos han propuesto incluso que los jueces sean elegidos por la ciudadanía, devolviendo así, dicen, la soberanía al pueblo. ¿Les suena? Aunque el TC no haga política *per se,* sí es cierto que los partidos políticos –en especial el PP– han tendido a hacer política con el alto tribunal mediante las nominaciones o recusaciones de sus miembros. Como ciudadanos debemos estar atentos cada vez que eso suceda y exigir responsabilidades a quién pertoque para evitar que se repita: es una grave infracción del principio de separación de poderes en una democracia. En resumen, aquellos ciudadanos que quieran efectivamente cambiar la Constitución –por ejemplo para introducir el derecho a decidir– deben dirigir sus quejas fundamentalmente a los políticos, no a los miembros del TC. Éstos, es bueno volver a subrayar, ni tienen ni deben tener tanto margen de acción como los políticos o los ciudadanos en general. Así lo ha señalado incluso el propio tribunal en varias ocasiones a cuenta del proceso soberanista catalán.

En cualquier caso, sin ánimo de profundizar más en la existencia o ausencia de politización en las decisiones judiciales que atañen a las aspiraciones de más autogobierno de Cataluña, creo importante realzar el valor de la unanimidad en este tipo de decisiones.[108] La razón es que este principio ha sido menospreciado frecuentemente, tanto por analistas favorables como contrarios a dichas aspiraciones. Por ejemplo, y a diferencia de la sentencia del TC sobre el Estatuto de Cataluña o del dictamen del Consell de Garanties Estatutàries que refrendó la ley catalana que debía dar cobertura al 9-N, tanto la sentencia del TC para declarar inconstitucional la última declaración de soberanía del Parlament de Catalunya como la admisión a trámite del recurso para suspender la consulta (original) del 9-N fueron tomadas de forma unánime por los miembros del tribunal [190, 191, 192, 193]. Aquellos que creen que la unanimidad en las decisiones del TC carece de significación, a sabiendas de que a veces se ha dado tal coincidencia en el voto y otras no, se equivocan. Veamos por qué.

En Teoría de la Información, la *entropía* mide la cantidad de información contenida en un mensaje. Supongamos que una fuente de información, en este caso el TC, emite mensajes binarios: o bien "unanimidad" o bien "no unanimidad". Claude Shanon definió en 1948 un concepto, la entropía, que asigna un número (positivo) a la fuente de información, en nuestro caso el TC. Y lo hace de una manera concreta [211].[109] Por un lado, tanto en el caso en que el TC siempre falle unánimamente como en el caso en que nunca lo haga, la cantidad de información emitida será cero, ya que cualquier mensaje que emita el TC será perfectamente previsible. Por otro lado, cuando ambos posibles mensajes (unanimidad y no unanimidad)

---

[108]Como cualquier observador tengo mis propias intuiciones, pero carezco de datos irrefutables que avalen una u otra posición.

[109]Consideremos una fuente de información que emite mensajes binarios, llamémosles x. Con probabilidad p, la fuente emite un 0, i.e., $x = 0$, mientras que con probabilidad $1 - p$, la fuente emite un 1, i.e., $x = 1$. Shannon definió la entropía de la fuente, llamémosla, $\mathcal{H}$, de manera que $\mathcal{H} = 0$ cuando $p \simeq 0$ o $p \simeq 1$ y que es máxima cuando $p = 0,5$. Formalmente, $\mathcal{H} = -p \log_2 p - (1 - p) \log_2(1 - p)$, dónde $p \in (0, 1)$.

ocurran con la misma probabilidad, la entropía será máxima, al ser máxima también la incertidumbre sobre cuál será el contenido del próximo mensaje. Aunque quizás no la más alta posible, es indudable que las sentencias del TC contienen (al menos aquellas relativas a las aspiraciones de más autogobierno de Cataluña) cierta cantidad de información, incluso dejando al margen el contenido de las mismas. Una información que, a mi juicio, no debemos pasar por alto.

¿Por qué, entonces, tantos opinadores favorables a la independencia de Cataluña nos repiten una y otra vez que las sentencias del TC están siempre politizadas, independientemente de que sean emitidas con la aprobación unánime de todos los miembros del tribunal o de que, por el contrario, cuenten con votos particulares en contra? A mi modo de ver, por una razón muy sencilla: para extender aún más entre gran parte de la población catalana la sensación de que el sistema judicial español se dirige siempre y de manera sistemática contra los intereses de los catalanes. Un hecho que, como ya hemos visto, es ostensiblemente falso, aunque parece que proporciona réditos electorales.

Capítulo 4

Addendum

Después de leer el texto, el lector puede tener la sensación de que únicamente he tratado de desmontar el independentismo catalán –en mucha mayor medida que el antiindependentismo– y de que no he ofrecido alternativas al mismo. Ante la falta de opciones y dado que, al margen de los defectos apuntados en el texto, las tesis contrarias al independentismo también podrían tratar de ser desmontadas con la misma ferocidad, podría el lector –sobre todo el independentista– deducir legítimamente que no hay razones para modificar su opinión. Permítanme algunos comentarios al respecto.

En primer lugar, el ensayo responde simplemente a una manera personal –aunque para nada exclusiva ni novedosa– de participar en política. Al margen de los políticos profesionales, muchos ciudadanos participan en política mediante el voto y, muy legítimamente, mediante manifestaciones en las que tratan de presionar a los gobernantes. Este texto ofrece una manera complementaria –influenciada tanto por mi formación como por mi profesión– de participar en política: mediante la reflexión personal, desde la más absoluta libertad y sin más ataduras que las metodológicas. La escritura de este ensayo ha supuesto para mí un viaje intelectual exigente, aunque con un desenlace reconfortante. Por un lado, he tenido que pelearme conmigo mismo para tratar de entender lo que, a mi juicio, es incorrecto o discutible en muchos de los argumentos que se usan habitualmente para defender o atacar la posible independencia de Cataluña y la resolución democrática de la misma. Por otro lado, aunque después de escribir el texto no he cambiado mi punto de vista en lo fundamental y a pesar de que el ensayo escrito es claramente incompleto, me siento ahora mismo más satisfecho de mi opinión.

En segundo lugar, el objetivo de este libro no es conseguir cambiar la opinión de nadie, sino tratar de convencer al lector de la utilidad que tiene en democracia el pensamiento independiente basado en la duda y en la reflexión personal. Pensar independientemente no es siempre necesario para tomar la mejor decisión. En efecto, muchas veces las personas tenemos maneras más eficientes de decidir, ya sea confiando en la autoridad de otros y delegando en ellos nuestra responsabilidad o, incluso, simplemente teniendo suerte. Sin embargo, pensar independientemente (de otros) sí es ineludible si queremos estar orgullosos de nuestras decisiones y ser plenamente conscientes del porqué de las mismas. Además, en la vida muchas veces lo que aparenta ser inútil resulta ser útil, y lo que nos aparece como útil resulta ser inútil [205]. ¿Por qué si no invertimos nuestro tiempo en leer buenas novelas, en ver partidos de fútbol o en hacer siestas, entre muchas otras actividades aparentemente inútiles? Así, quizás, pensar independientemente puede convertirse para usted en otra "inutilidad útil".

También soy consciente de que saber y entender más no implica necesariamente decidir con más convicción. Como desde hace siglos han entendido filósofos, científicos y artistas, la capacidad de dudar es aquello que nos hace verdaderamente humanos y aquello que nos permite plantearnos preguntas cuyas respuestas acostumbran a hacer de este un mundo mejor en el que vivir...al tiempo que nos traen nuevas dudas. Junto al indudable esfuerzo que todo saber demanda, es precisamente el miedo a dudar el que hace que muchos ciudadanos huyan legítimamente de la reflexión activa en democracia y prefieran dejarse llevar únicamente por la intuición, el dogma o el sentimiento. No se trata de relativizar las opiniones en democracia: siempre existirán opciones políticas que nos parecerán mejores que otras, y a mi juicio está bien que así sea.

Para demostrar en toda su profundidad la utilidad del pensamiento independiente en democracia he tratado de explicar que el debate sobre la independencia de Cataluña –y sobre cómo decidirla en democracia– es muy complejo. Mucho más complejo de lo que quizás el lector había pensado, incluso dejando al margen las inciertas consecuencias económicas que acarrearía la creación de un Estado catalán. Últimamente han aparecido numerosos libros y artículos que se han ocupado de estudiar el impacto de una hipotética independencia de Cataluña –o el impacto de su no acontecimiento– en el bienestar de catalanes y españoles. Por el contrario, el debate sobre la justicia (o la ausencia de ésta) del derecho de secesión –y sobre la manera de ejercerlo– aparece generalmente en un segundo plano, sobre todo si dejamos al margen las discusiones puramente jurídicas.

Este segundo debate (jurídico o no) presenta una ventaja sobre el primero desde el punto de vista de la discusión racional: no se trata de fundamentar nuestra decisión en predicciones extremadamente inciertas sobre las consecuencias que acarrearían las distintas opciones políticas; se trata "solamente" de decidir qué principios (estabilidad, divisibilidad, libertad, fomento del riesgo, etc) nos parecen aceptables y cuáles no para regir una decisión como la secesión de una parte de un país constituido en democracia liberal. Ello atañe a todos los catalanes, por supuesto, pero también al resto de los españoles. De hecho, parece razonable esperar que si una gran mayoría de los ciudadanos participasen de este y de otros debates, la calidad de la democracia en España sería mayor.

En tercer lugar, algunos de los argumentos abordados a lo largo del ensayo han sido analizados de una manera que, a buen seguro, habrá resultado novedosa para muchos de los lectores. Adquirir mi conocimiento actual sobre Teoría de la Elección Social o Teoría de Juegos, un saber necesario para mis tareas de investigación, no ha sido gratuito. He tenido que estudiar y esforzarme mucho. Mediante este libro espero haber transmitido parte de este saber de una manera suficientemente entendible para el lector no experto. Un conocimiento que, por supuesto, puede usarse de manera distinta al que he utilizado yo, ya sea en este o en otro problema.

En cuarto lugar, es bastante posible que el examen crítico de algunos de los argumentos no haya resultado convincente para algunos de los lectores. O que muchos de mis razonamientos sean deficientes a los ojos de otros. O que alguien haya echado en falta el análisis de otros argumentos. Sin embargo, si el lector ha sido capaz de identificar en todos los casos las razones en las que sustentar su opinión, habré tenido éxito en mi empeño por elogiar el valor de la duda y el pensamiento independiente en democracia. Con el presente libro no pretendo de ninguna manera tener la última palabra en este debate.

En quinto lugar, aunque no es la razón por la que decidí escribir el ensayo, y siendo consciente de la dificultad de contribuir eficazmente a la mejora de nuestro sistema político, no es cierto que en el texto no se hayan hecho propuestas. Respecto a los detalles de la celebración de un hipotético referéndum, por ejemplo, creo razonables considerar la divisibilidad de la "capacidad de decidir", el uso tanto de mayorías cualificadas como de un horizonte temporal mayor para convocar referéndums, así como la posibilidad de ordenar las alternativas en un referéndum en que hubiera al menos tres. De una forma más general, he expresado mis deseos de aumentar el nivel de información de los ciudadanos, por ejemplo respecto al riesgo y la factibilidad de las políticas propuestas por nuestros gobernantes, y de reducir el sentimentalismo en la gestión de lo común. Unos deseos a los que los partidos políticos y las instituciones podrían tratar de dar satisfacción si fueran compartidos por un gran mayoría de ciudadanos. También he apuntado algunas maneras de aprovechar el marco legal actual para intentar mejorar el bienestar de los ciudadanos. En todo caso, cualquier propuesta merecedora de ser considerada para su implementación real debe ser tratada con más profundidad de la empleada en este libro.

En sexto y último lugar, permítanme hacer un pequeño ruego al lector. No trate de intentar deducir mi opinión de mis argumentos. No porque hacerlo sea difícil sino porque mi opinión personal es irrelevante para el debate. Además, porque aunque seguramente lo pueda hacer, no sin equivocaciones sobre los matices y sin caer en el error de ponerme una etiqueta que ni tengo ni quiero tener, no sabrá apreciar el valor metodológico del ensayo, que no es otro que promover la discusión racional de argumentos entre los ciudadanos. De manera que el turno es suyo. Piense independientemente (de mí).

Agradecimientos

Quiero agradecer a Laia Castro, Núria Pinyol, Javier Tejada y Laia Tejada por tomarse tantas y tantas molestias en leer y releer el texto, en darme ideas o en hacerme sugerencias extremadamente útiles que me ayudaron a escribir un ensayo mucho mejor del que hubiera podido escribir solo. Sin su ayuda, apoyo y comprensión hubiera sido incapaz de escribir este libro. A ellos, por tanto, toda mi gratitud. Y todo mi amor. De igual manera, debo mencionar a Esteve Padilla y Pau Llop por su extraordinario trabajo con la portada y por ayudarme tanto en el proceso de edición y publicación del libro. También quiero reconocer la desinteresada dedicación de Gonzalo Pontón, Philippos Louis, Carles Castro, Samuel Calonge, Josep Llàcer y Marina Núñez. Para acabar, no quiero dejar de mencionar a Ignasi Blanco, Tommaso Majer, Pol Comas, Dídac Macià, Joan Guàrdia, Jordi Sansa, Xavier Font, Llorenç Arnau, Manel Admetlla, Jordi Altimira, Hugo Newby, Albert Pelach, Caterina Viguera, Begoña Ascaso, Alberto de la Viuda, Joan Bruna, Carlos Cacho, Daniel Pelach, Ferran Arruebo, Francesc Dilmé, Àngel Faus, Salvador Rubio, Javier Ortigosa y Javier Martínez de Albéniz por sus comentarios y reacciones a anteriores versiones del ensayo. Por supuesto, yo soy el único responsable de lo escrito en este ensayo.

Bibliografía

[1] http://m.ara.cat/firmes/empar_moliner/Arguments-del-no_0_1396660420.
html.

[2] http://presidencia.gencat.cat/web/.content/ambits_actuacio/consells_
assessors/catn/informes_publicats/inf_10_proces_constituent.pdf.

[3] http://www.unanovaconstitucio.cat/.

[4] http://www.nber.org/papers/w11965.

[5] http://www.un.org/es/decolonization/declaration.shtml.

[6] http://elpais.com/ccaa/2015/02/16/catalunya/1424119594_371049.html.

[7] http://www.huffingtonpost.co.uk/azeem-ibrahim/snps-credibility-has-
cras_b_6551810.html.

[8] http://www.lavanguardia.com/politica/20141207/54420618132/mayoria-
plan-independentista-mas-perjudicial-economia.html.

[9] http://www.lavanguardia.com/internacional/20140915/54415036364/
bruselas-contiene-respiracion.html.

[10] http://www.publico.es/politica/493672/barroso-responde-a-mas-que-
catalunya-quedaria-fuera-de-la-ue-si-se-independiza.

[11] http://www.idescat.cat/economia/inec?tc=3&id=8150&lang=es.

[12] http://www.theglobeandmail.com/news/politics/white-house-documents-
reveal-how-us-would-react-if-quebec-had-separated/article17499442.

[13] http://elpais.com/diario/2011/09/11/economia/1315692006_850215.html.

[14] http://www.elmundo.es/elmundo/2011/02/10/union_europea/1297339786.
html.

[15] http://www.boe.es/legislacion/enlaces/documentos/ue/Trat_lisboa.pdf.

[16] http://www.bbc.co.uk/news/business-29151798.

[17] http://m.scotsman.com/news/comment-the-huge-costs-of-scotland-
getting-small-1-3540867.

[18] http://www.eldiario.es/agendapublica/reforma-constitucional/
referendum-Quebec-Comentario-dia-despues_0_319168790.html.

[19] http://laws.justice.gc.ca/eng/acts/C-31.8/FullText.html.

[20] http://www.lintraprendente.it/2014/08/renzi-boicotta-il-referendum-
veneto/.

[21] http://abcnews.go.com/blogs/politics/2012/12/texas-secession-
petition-ignored-by-white-house/.

[22] http://www.theguardian.com/politics/2014/sep/18/cameron-devo-max-
salmond-referendum-scots-antipathy-tories.

[23] https://en.wikipedia.org/wiki/Thomas_Jefferson_and_slavery.

[24] http://www.state.gov/misc/list/.

[25] http://www.dlc.org/printc66d.html?contentid=252023.

[26] http://www.europarl.europa.eu/pdf/eurobarometre/2013/election/eb79_5_
synthese_institutionnelle_es.pdf.

[27] http://www.abrahamlincolnonline.org/lincoln/speeches/greeley.htm.

[28] http://data.worldbank.org/indicator/NY.GDP.PCAP.CD.

[29] http://internacional.elpais.com/internacional/2009/07/28/actualidad/
1248732012_850215.html.

[30] http://www.un.org/es/decolonization/.

[31] http://www.idescat.cat/pub/?id=aec&n=257.

[32] http://m.ara.cat/politica/catalanisme-desquerres-bull_0_1384661531.html.

[33] http://ccaa.elpais.com/ccaa/2015/07/01/catalunya/1435774100_882354.html.

[34] http://sociedad.elpais.com/sociedad/2011/03/31/actualidad/1301522408_850215.html.

[35] http://www.gesop.net/es/blog/item/160-indep.

[36] http://lizoain.tumblr.com/post/84335051280/ceo-independentismo-y-lengua.

[37] http://www.bfs.admin.ch/bfs/portal/en/index/themen/01/05/blank/key/sprachen.html.

[38] http://elpais.com/diario/2007/11/18/domingo/1195361559_850215.html.

[39] http://llengua.gencat.cat/web/.content/documents/informepl/arxius/ipl2012.pdf.

[40] http://www.idescat.cat/pub/?id=aec&n=801.

[41] http://www.parlament.cat/document/cataleg/48059.pdf.

[42] http://www.ara.cat/cultura/llei_del_cinema-comissio_europea-brussel-les_0_722927789.html.

[43] http://www.elperiodico.com/es/noticias/politica/parlament-inicia-los-tramites-para-corregir-ley-del-cine-catalan-3403235.

[44] http://elpais.com/elpais/2015/01/18/opinion/1421599834_925388.html.

[45] http://en.wikipedia.org/wiki/Irish_language.

[46] http://www.elperiodico.com/es/noticias/politica/auge-recorta-aun-mas-triunfo-del-4114698.

[47] http://www.who.int/mental_health/media/lith.pdf.

[48] http://politica.elpais.com/politica/2014/11/09/actualidad/1415542400_466311.html.

[49] http://www.economist.com/blogs/economist-explains/
      2013/07/economist-explains-21?fsrc=scn/fb/te/bl/ed/
      howdidestoniabecomealeaderintechnology.

[50] http://ftalphaville.ft.com/2015/02/06/2113951/michael-pettis-
      explains-the-euro-crisis-and-a-lot-of-other-things-too/.

[51] http://elpais.com/m/economia/2015/06/24/actualidad/1435180853_347430.
      html.

[52] http://www.wifoe.tg.ch/documents/Federal_Cantonal_and_Communal_Taxes.
      pdf.

[53] http://www.lavanguardia.com/politica/elecciones-catalanas/20121118/
      54355340034/pacto-fiscal-independencia-estanca.html.

[54] http://www.eldiario.es/piedrasdepapel/pasado-Cataluna_6_188691134.
      html.

[55] http://www.eupedia.com/europe/cultural_maps_of_europe.shtml.

[56] http://ec.europa.eu/regional_policy/sources/docgener/work/2012_02_
      governance.pdf.

[57] http://ec.europa.eu/eurostat/statistics-explained/index.php/Europe_
      2020_indicators_-_education.

[58] http://www.vozbcn.com/2008/07/17/3052/puig-montilla-destroza-lengua/.

[59] http://www.elmundo.es/elmundo/2012/10/10/espana/1349858437.html.

[60] http://www.vozbcn.com/2012/10/12/129936/rigau-presumia-
      planteamiento-wert/.

[61] http://es.wikipedia.org/wiki/Biling%C3%BCismo_en_Canad%C3%A1.

[62] http://www.iec.cat/institucio/documents/10694_5786_1101903774069_
      ElConeixementDelCatalaCRUSCAT.pdf.

[63] http://www.un.org/es/events/motherlanguageday/.

[64] http://www.bbc.co.uk/mundo/noticias/2010/10/101015_alzheimer_
      bilingues_men.shtml.

[65] http://www.lavanguardia.com/encatala/20131007/54390622541/81-catalans-defensa-immersio-linguistica.html.

[66] http://ccaa.elpais.com/ccaa/2015/01/16/catalunya/1421426251_307941.html.

[67] http://m.ara.cat/societat/denuncia-professors-imparteixen-Catalunya-legalitat_0_1388861275.html.

[68] http://www.vozbcn.com/2012/03/23/106714/responsable-pisa-nivel-castellano/.

[69] http://etnologija.etnoinfolab.org/dokumenti/82/2/2009/harris_1521.pdf.

[70] http://www.huffingtonpost.es/2012/11/27/aznar-avala-tesis-pio-moa_n_2196586.html.

[71] http://ccaa.elpais.com/ccaa/2014/11/24/catalunya/1416826845_827782.html.

[72] http://elpais.com/elpais/2013/01/16/eps/1358359407_228891.html.

[73] https://www.youtube.com/watch?v=aFe-rEGXKQU.

[74] http://www.lavanguardia.com/television/programas/20150223/54426448303/carnaval-solsona-espana-polemica-independentista-television.html.

[75] http://www.vozbcn.com/2009/11/28/9078/bago-matar-todos-pp/.

[76] http://www.caffereggio.net/2014/04/16/el-respeto-al-derecho-de-francesc-de-carreras-en-el-pais/.

[77] http://ccaa.elpais.com/ccaa/2014/10/17/catalunya/1413566366_587705.html.

[78] http://www.elperiodico.com/es/noticias/politica/encuesta-gesop-elecciones-plebiscitarias-4305723.

[79] http://www.cronicaglobal.com/es/notices/2015/07/-cuantos-catalanes-votaran-el-27s-en-clave-de-plebiscito-independentista-22106.php.

[80] http://elpais.com/elpais/2014/12/01/opinion/1417435070_754604.html.

[81] http://www.20minutos.es/noticia/2230199/0/embajada-espanola-
      holanda/pospone/presentacion-victus/.

[82] http://cat.elpais.com/cat/2014/11/03/catalunya/1415048473_005741.
      html.

[83] http://www.cronicaglobal.com/es/notices/2014/04/el-jefe-de-prensa-
      de-mas-equipara-con-los-nazis-a-aquellos-que-rechazan-el-plan-
      insurreccional-plant-6570.php.

[84] http://sociedad.elpais.com/sociedad/2014/02/08/actualidad/1391883554_
      956385.html.

[85] http://www.cronicaglobal.com/es/notices/2015/03/la-justicia-
      advierte-al-ayuntamiento-de-sant-cugat-sobre-la-estelada-gigante-
      deben-mantener-la-n-17098.php.

[86] http://www.cronicaglobal.com/es/notices/2015/04/scc-identifica-
      esteladas-en-mas-de-300-espacios-publicos-de-toda-cataluna-
      18776.php.

[87] http://elpais.com/elpais/2014/11/25/opinion/1416947031_008582.html.

[88] http://elpais.com/elpais/2015/03/02/opinion/1425327476_937186.html.

[89] http://www.wiso.tu-dortmund.de/wiso/de/forschung/vwk/archiv/VWL-
      Kolloquium-2012-Strulik.pdf.

[90] http://elpais.com/elpais/2014/10/04/media/1412440213_362460.html.

[91] http://en.wikipedia.org/wiki/Nudge_theory.

[92] http://elpais.com/elpais/2014/08/29/opinion/1409335196_515412.html.

[93] http://www.fiecweb.cat/docs/290312.pdf.

[94] http://www.9nconsulta2014.cat/preguntes-frequents.html.

[95] http://www.osce.org/odihr/elections/montenegro/18431?download=true.

[96] http://www.cerclegerrymandering.cat/apunts-del-referendum-suis/.

[97] http://forsdata.unil.ch/projects/Voxit/votations.asp.

[98] http://m.ara.cat/politica/Dos-blocs-cop-mes-impermeables_0_
      1352264837.html.

[99] http://www.20minutos.es/noticia/1335315/0/Suiza/ampliar-vacaciones/
      referendum/.

[100] http://www.theguardian.com/commentisfree/cifamerica/2009/sep/16/
      california-golden-dream-turned-sour.

[101] http://www.caffereggio.net/2014/09/21/contra-los-referendums-de-
      francesc-de-carreras-en-el-pais/.

[102] http://www.lavanguardia.com/vida/20100519/53929875631/la-consulta-
      de-la-diagonal-costo-3-17-millones-de-euros.html.

[103] http://elpais.com/diario/2009/11/30/internacional/1259535607_85C215.
      html.

[104] http://democracyranking.org/wordpress/?page_id=738.

[105] http://elpais.com/elpais/2014/07/23/opinion/1406136555_279109.html.

[106] http://salaimartin.com/randomthoughts/item/734-amagar-un-d\%C3\
      %A8ficit-descomunal.html.

[107] http://elpais.com/elpais/2013/06/14/opinion/1371225461_429819.html.

[108] http://www.agenciatributaria.es/static_files/AEAT/Contenidos_Comunes/
      La_Agencia_Tributaria/Estadisticas/Informes_Estadisticos/Informes_
      Anuales_de_Recaudacion_Tributaria/Ejercicio_2005/a.7.1_es_es.pdf.

[109] http://www.elmundo.es/elmundo/2009/07/15/espana/1247683059.html.

[110] http://www.govern.cat/pres_gov/AppJava/govern/monografics/194629/
      catalunya-potencia-turistica-nivell.html.

[111] http://www.lacaixaresearch.com/documents/10180/361150/38-39+
      Dossiers+4+CAST.pdf/b7d4babb-a6c3-41a3-9cf8-434c1df133b5.

[112] http://cat.elpais.com/cat/2015/03/11/catalunya/1426109051_357834.
      html.

[113] http://en.wikipedia.org/wiki/Open_government.

[114] http://elpais.com/elpais/2014/03/06/opinion/1394135851_403084.html.

[115] http://www.cronicaglobal.com/es/notices/2015/02/absuelven-de-
      ultraje-al-concejal-de-torredembarra-que-se-mofo-de-los-extremenos-
      16766.php.

[116] http://www.rac1.org/blog/noticies/programes/el-mon-a-rac1/quant-ens-costa-ser-catalans/.

[117] http://www.negocios.com/noticias/demoledor-informe-deutsche-bank-independencia-cataluna-13022015-1052.

[118] http://internacional.elpais.com/internacional/2013/04/11/actualidad/1365705035_291906.html.

[119] http://www.pmlp.gov.lv/lv/assets/01072013/01.01.2014/ISVN_Latvija_pec_TTB_VPD.pdf.

[120] http://www.eldiario.es/piedrasdepapel/Independizarse-pobres_6_311178883.html.

[121] http://cat.elpais.com/cat/2014/10/22/cultura/1414005618_785136.html.

[122] http://ccaa.elpais.com/ccaa/2014/10/19/catalunya/1413744144_677228.html.

[123] http://www.ara.cat/premium/Assemblea_Nacional_Catalana-full_de_ruta-independencia_0_1315668578.html.

[124] http://ccaa.elpais.com/ccaa/2015/04/22/catalunya/1429706741_433130.html.

[125] http://www.fcampalans.cat/uploads/publicacions/pdf/frc25_mluque.pdf.

[126] http://www.diaridegirona.cat/catalunya/2015/03/14/no-independencia-creix-fins-al/714368.html.

[127] http://www.eldiario.es/agendapublica/reforma-constitucional/izquierdas-reivindicar-independiente_0_334566679.html.

[128] http://www.theguardian.com/commentisfree/2014/sep/21/scottish-independence-disbelief-at-defeat.

[129] http://www.cronicaglobal.com/es/notices/2015/04/-ca-l-endema-ii-la-perdua-conservacio-de-la-nacionalitat-espanyola-18104.php.

[130] http://politica.elpais.com/politica/2014/03/20/actualidad/1395347190_942617.html.

[131] http://www.cronicaglobal.com/es/notices/2015/06/proteccion-de-datos-expedienta-a-la-anc-y-omnium-por-recabar-datos-ideologicos-de-los-ciudadanos-sin-21255.php.

[132] Buchanan, Allen, "Secession", The Stanford Encyclopedia of Philosophy (Summer 2013 Edition), Edward N. Zalta (ed.), URL = <http://plato.stanford.edu/archives/sum2013/entries/secession/>.

[133] http://elpais.com/m/politica/2014/11/10/actualidad/1415660103_648480.html.

[134] http://www.theguardian.com/politics/2013/mar/17/scottish-independence-islands-home-rule.

[135] http://elpais.com/elpais/2006/01/31/actualidad/1138699019_850215.html.

[136] http://m.ara.cat/opinio/Mas-pacifisme-catala-historia_0_1337266346.html.

[137] http://www.foxnews.com/politics/2012/03/24/tea-party-rallies-in-washington-against-obama-care/.

[138] http://www.newrepublic.com/article/119623/obamacare-one-year-seven-charts-show-law-working.

[139] http://internacional.elpais.com/internacional/2015/01/12/actualidad/1421087621_041671.html.

[140] http://www.pewglobal.org/2012/05/29/chapter-4-views-of-eu-countries-and-leaders/.

[141] http://hemeroteca.lavanguardia.com/preview/2012/11/23/pagina-70/90794655/pdf.html.

[142] http://www.lavanguardia.com/20140922/54415274565/rafael-la-espiral-del-silencio-y-rahola-carme-chacon-opi.html.

[143] http://www.elmundo.es/grafico/espana/2014/09/08/53db717bca4741781c8b4577.html.

[144] https://www.youtube.com/watch?v=im2DaM7L-Gk.

[145] https://www.youtube.com/watch?v=uQ1a22GwfSY.

[146] http://www.eldiario.es/sociedad/Jueves-retira-ejemplares-portada-abdicacion_0_267723757.html.

[147] http://www.elmundo.es/espana/2015/07/01/559418d5268e3eb16d8b4582.html?cid=SIN12201.

[148] http://politica.elpais.com/politica/2014/12/09/actualidad/1418160532_843669.html.

[149] http://www.huffingtonpost.com/2014/04/26/donald-sterling-racist_n_5218572.html.

[150] http://www.elmundo.es/deportes/2015/06/30/5592e28bca47414a1f8b45a6.html.

[151] http://internacional.elpais.com/internacional/2015/01/09/actualidad/1420843355_941930.html.

[152] http://elpais.com/elpais/2014/11/22/opinion/1416680759_924664.html.

[153] http://www.gesetze-im-internet.de/gg/BJNR000010949.html.

[154] https://www.btg-bestellservice.de/pdf/80206000.pdf.

[155] http://www.conseil-constitutionnel.fr/conseil-constitutionnel/root/bank_mm/constitution/constitution.pdf.

[156] http://www.media.cat/2014/11/06/informe-?l\%E2\%80\%99espiral-?del-?silenci-?a-?analisi/.

[157] http://www.cronicaglobal.com/ca/notices/2013/09/el-dret-a-decidir-una-invencio-recent-del-nacionalisme-catala-609.php.

[158] http://elpais.com/elpais/2014/03/26/opinion/1395865009_162201.html.

[159] http://elpais.com/elpais/2014/08/25/opinion/1408969809_453051.html.

[160] http://ccaa.elpais.com/ccaa/2014/11/29/catalunya/1417293195_126266.html.

[161] http://m.ara.cat/politica/mas-unio-govern-cdc-independencia_0_1376862566.html.

[162] http://cat.elpais.com/cat/2015/03/26/catalunya/1427397376_705840.html.

[163] http://politica.elpais.com/politica/2012/09/22/actualidad/1348340485_625277.html.

[164] http://www.ara.cat/politica/ROMEVA-FORCADELL-CASALS_0_1394260700.html.

[165] http://premsa.gencat.cat/pres_fsvp/docs/2015/03/13/11/07/018c4fε0-cd9e-4bcb-a93d-3c5619020d14.pdf.

[166] https://portoncv.gov.cv/dhub/porton.por_global.open_file?p_doc_id=1034.

[167] http://elpais.com/elpais/2014/11/26/opinion/1417024274_514424.html.

[168] http://www.idescat.cat/pub/?id=aec&n=806&lang=es.

[169] http://www.lasexta.com/noticias/nacional/andaluz-arremete-cataluna-ciudadanos-quiero-que-mande-politico-que-llama-albert_2015031200293.html.

[170] http://www.elmundo.es/mundodinero/2006/11/21/economia/1164135957.html.

[171] http://www.lavanguardia.com/politica/20141125/54420693178/senado-barcelona-enric-juliana.html.

[172] http://elpais.com/diario/1992/07/17/espana/711324008_850215.html.

[173] http://elpais.com/diario/1992/07/17/espana/711324008_850215.html.

[174] http://ccaa.elpais.com/ccaa/2014/10/07/catalunya/1412708631_90ε365.html.

[175] http://democracyranking.org/wordpress/?page_id=831#prettyPhoto.

[176] http://www.thekingcenter.org/archive/theme/4733.

[177] http://www.thekingcenter.org/about-dr-king.

[178] http://elpais.com/diario/2002/05/26/espana/1022364010_850215.html.

[179] http://www.uscourts.gov/educational-resources/educational-activities/history-brown-v-board-education-re-enactment.

[180] http://www.uscourts.gov/educational-resources/educational-activities/history-brown-v-board-education-re-enactment.

[181] http://www.caffereggio.net/2013/06/12/se-puede-desobedecer-la-ley-de-francesc-de-carreras-en-la-vanguardia/.

[182] http://politica.elpais.com/politica/2014/07/17/actualidad/1405627638_479379.html.

[183] http://www.ara.cat/politica/Tribunal_Constitucional-sentencia-llei_consultes-9-N_0_1310269107.html.

[184] http://ccaa.elpais.com/ccaa/2015/05/31/catalunya/1433095687_171375.html.

[185] http://www.lamarea.com/2015/06/06/los-insumisos-de-la-ley-que-critican-a-ada-colau/.

[186] http://ccaa.elpais.com/ccaa/2015/03/06/catalunya/1425664499_435467.html.

[187] http://worldjusticeproject.org/sites/default/files/files/wjp_rule_of_law_index_2014_report.pdf.

[188] http://www.ara.cat/tema_del_dia/Perez-Cobos-Constitucional-contra-Catalunya_0_1317468273.html.

[189] http://www.politico.com/story/2015/06/supreme-court-gay-marriage-119462.html.

[190] http://elpais.com/elpais/2010/06/28/actualidad/1277713023_850215.html.

[191] http://www.lavanguardia.com/politica/20140822/54413917559/consell-de-garanties-estatutaries-valida-ley-catalana-consultas.html.

[192] http://politica.elpais.com/politica/2014/03/25/actualidad/1395768070_578313.html.

[193] http://www.20minutos.es/noticia/2286208/0/nueva-supension/consulta-soberanista/9n-recurso-cataluna/.

[194] Alberto Alesina and Enrico Spolaore. *The size of nations*. Mit Press Cambridge, MA, 2003.

[195] Kenneth J Arrow. A difficulty in the concept of social welfare. *The Journal of Political Economy*, pages 328–346, 1950.

[196] Allen E Buchanan. The morality of political divorce from fort sumter to lithuania and quebec boulder. 1991.

[197] Alessandra Casella. Storable votes. *Games and Economic Behavior*, 51(2):391–419, 2005.

[198] Laia Castro. Parties, ideology, and news media in central- eastern and western europe: A comparison of media bias 20 years after the iron curtain fell. *Mimeo*, 2015.

[199] Javier Cercas. *Anatomía de un instante*. LITERATURA RANDOM HOUSE, 2012.

[200] Angel de La Fuente. Is catalonia being fiscally mistreated? Technical report, 2014.

[201] Allan Gibbard. Manipulation of voting schemes: a general result. *Econometrica: journal of the Econometric Society*, pages 587–601, 1973.

[202] Minton F Goldman. *Slovakia since independence: A struggle for democracy*. Greenwood Publishing Group, 1999.

[203] Germa Bel i Queralt. *Anatomía de un desencuentro: la Cataluña que es y la España que no pudo ser*, volume 259. Ediciones Destino, 2013.

[204] Richard D McKelvey. Intransitivities in multidimensional voting models and some implications for agenda control. *Journal of Economic theory*, 12(3):472–482, 1976.

[205] Nuccio Ordine, Abraham Flexner, and Jordi Bayod. *La utilidad de lo inútil: manifiesto*. 2013.

[206] Daniel Philpott. In defense of self-determination. *Ethics*, pages 352–385, 1995.

[207] Thomas Piketty. A federal voting mechanism to solve the fiscal-externality problem. *European Economic Review*, 40(1):3–17, 1996.

[208] José Luis Sangrador. Estereotipos de las nacionalidades y regiones de españa. *Madrid: CIS*, 1, 1981.

[209] Mark Allen Satterthwaite. Strategy-proofness and arrow's conditions: Existence and correspondence theorems for voting procedures and social welfare functions. *Journal of economic theory*, 10(2):187–217, 1975.

[210] Amartya Sen. The impossibility of a paretian liberal. *The journal of political economy*, pages 152–157, 1970.

[211] Claude Elwood Shannon. A mathematical theory of communication. *ACM SIGMOBILE Mobile Computing and Communications Review*, 5(1):3–55, 2001.

[212] Luis Alfonso Garay Tamajón. Un análisis del desarrollo turístico en cataluña a través del ciclo de evolución del destino turístico. *Boletín de la Asociación de Geógrafos Españoles*, (52):43–58, 2010.

[213] Christopher H Wellman. A defense of secession and political self-determination. *Philosophy & public affairs*, 24(2):142–171, 1995.

[214] Daniel Kahneman y Amos Tversky. Choices, values, and frames. *American psychologist*, 39(4):341, 1984.

[215] Steven Kull y Clay Ramsay y Evan Lewis. Misperceptions, the media, and the iraq war. *Political Science Quarterly*, 118(4):569–598, 2003.

[216] Andrea Prat y David Strömberg. The political economy of mass media. 2011.

[217] Luis Alfonso Garay Tamajón y Gemma Cànoves. El desarrollo turístico en cataluña en los dos últimos siglos: una perspectiva transversal. *Documents d'anàlisi geogràfica*, (53):29–46, 2009.

[218] Oskar Morgenstern y John Von Neumann. Theory of games and economic behavior. 1953.

[219] Lloyd S Shapley y Martin Shubik. A method for evaluating the distribution of power in a committee system. *American Political Science Review*, 48(03):787–792, 1954.

Nota: Todas las páginas web han sido consultadas el 27 de julio del 2015.

www.ingramcontent.com/pod-product-compliance
Lightning Source LLC
Chambersburg PA
CBHW060458290526
45791CB00001B/173